F(em)RMA

Viver com saúde e bem estar, o mais possível em harmonia com as leis da natureza, está ao nosso alcance. Atingirmos um bom equilíbrio físico e espiritual é alcançarmos, também, uma nova consciência de nós e do que nos rodeia.
Esta colecção tem em vista essa finalidade: estar em forma significa estar em harmonia connosco e com o mundo exterior.
Ao abranger áreas tão diversas como, por exemplo, a prática desportiva, a saúde e a dietética, visa proporcionar ao leitor manuais de fácil consulta e uma informação de qualidade.

OBRAS PUBLICADAS

1. WA-DO – OS MOVIMENTOS INSTANTÂNEOS DO BEM-ESTAR, *Tran Vu Chi*
2. MANUAL DE CULTURA FÍSICA, *J. E. Ruffier*
3. O TRATAMENTO DA ASMA, *Dr. Chris Sinclair*
4. A COZINHA SAUDÁVEL, *Anne Barroux*
5. O PODER CURATIVO DOS CRISTAIS, *Magda Palmer*
6. O TRATAMENTO DAS ALERGIAS, *Keith Mumby*
7. ALIMENTAÇÃO RACIONAL BIOLÓGICA PARA SÃOS E DOENTES, *Adriano de Oliveira*
8. VITAMINAS E SAIS MINERAIS, *Charles Picard*
9. O PODER CURATIVO DOS METAIS, *Emilio de Paoli*
10. O PRAZER DE ESTAR EM FORMA, *Henry Czechorowski*
11. COMO EQUILIBRAR O SEU PESO, *Francine Boucher e Robert Pauzé*
12. MÉTODOS NATURAIS PARA REDUZIR O SEU VENTRE, *Jacques Staehle*
13. A SAÚDE E AS MEDICINAS NATURAIS, *Jacques Staehle*
14. SEXO – FONTE DE SAÚDE E PRAZER, *Eva Méndez Chacón*
15. COMO VENCER A CELULITE, *Bruno Massa*
16. O VINHO, *Javier Villahizán Pérez*
17. O PODER CURATIVO DOS CRISTAIS, *Magda Palmer*

O PODER CURATIVO dos CRISTAIS

Título original:
The Healing Power of Crystals

© Magda Palmer, 1988

Publicado originalmente em Inglaterra, em 1988,
por Century Hutchinson Ltd.

Tradução: Teresa Louro Pérez

Edição revista e graficamente melhorada:
Ruy Oliveira

Capa de Jorge Machado Dias

Depósito Legal n.º 203064/03

ISBN: 972-44-1163-X
ISBN da 1ª edição: 972-44-0558-3

Todos os direitos reservados para língua protuguesa
por Edições 70

EDIÇÕES 70, Lda.
Rua Luciano Cordeiro, 123 - 2.º Esq.º – 1069-157 LISBOA / Portugal
Telef.: 213 190 240
Fax: 213 190 249
E-mail: edi.70@mail.telepac.pt

www.edicoes70.pt

Esta obra está protegida pela lei. Não pode ser reproduzida
no todo ou em parte, qualquer que seja o modo utilizado,
incluindo fotocópia e xerocópia, sem prévia autorização do Editor.
Qualquer transgressão à Lei dos Direitos do Autor será passível de
procedimento judicial.

Magda Palmer

O PODER CURATIVO dos CRISTAIS

cristal precioso • talismã
rocha de cabeceira

edições 70

Introdução

Tinha eu doze anos quando o meu pai, natural da Austrália, me levou a visitar as famosas Grutas Jenolan nas Montanhas Azuis da Gales do Sul. Uma das mais espantosas grutas de calcário é conhecida por A Catedral, e as suas características acústicas são tão perfeitas que basta que uma pessoa, de pé numa das extremidade, profira uma palavra ou então algumas notas para que todas as sílabas, mesmo suaves, sejam perfeitamente audíveis em toda a área. Lembro-me que o meu pai, que era cantor profissional, cantou a *Ave-Maria* de Gounod para provar o fenómeno a que me refiro.

Porém, não foi este o aspecto das grutas que provocou a minha admiração, mas sim as imensas e deslumbrantes colunas de estalagmites e estalactites, todas ainda em imperceptível fase de crescimento, embora não me tivesse apercebido do facto na altura. As suas cores refractadas, do laranja e do rosa ao amarelo mais suave e a um dourado cintilante, davam-lhes a aparência de enormes e suculentos sorvetes. Foram a minha primeira aproximação ao mundo dos minerais, que desde então sempre me fascinaram.

Este livro fala de gemas, que são minerais na sua forma mais pura. Ele dirá ao leitor como utilizá-las e apreciá-las; como descobrir quais as gemas certas para si, segundo o seu signo e as suas idades física e espiritual; e qual o seu processo de catalogação como agentes de cura para si e para os outros. O meu trabalho como consultora dos armazéns Harrods em Londres e de curadores e astrólogos particulares na Grã-Bretanha mostrou-me como o estudo das pedras preciosas tem sido desenvolvido nos últimos anos. Longe vão os dias em que o saber tradicional a elas referente era rejeitado como mera superstição, quando a única coisa que dadores e receptores viam nelas era uma beleza superficial, por mais maravilhosa que fosse, interessando-lhes apenas o preço. Hoje, há mesmo cirurgiões que gostam de ter um ninho de cristais ao pé quando operam – embora poucos reconheçam ainda o facto.

A ciência interveio para revalidar muitas crenças antigas, para reinterpretar os elos existentes entre os planetas e nós próprios, e para mostrar que as pedras são, na realidade, mediadoras essenciais entre o espaço exterior, nós e aTerra. É pois chegado o momento de encarar as gemas sob um novo prisma. O objectivo deste livro é ajudar o leitor a fazê-lo, contribuindo desse modo para aumentar o conhecimento e o prazer, a iluminação espiritual e o bem-estar e a saúde físicos que todos nós gostaríamos de alcançar.

PRIMEIRA PARTE

OS PLANETAS

Jóias do zodíaco

Foi há seis mil anos, na Mesopotâmia da Antiguidade, que primeiro os Sumérios e depois os habitantes de Ur dos Caldeus começaram a observar os minerais e as pedras preciosas, bem como as estrelas, com vista a melhorar as suas colheitas, proteger-se dos inimigos, humanos ou naturais, prever o futuro e, de uma forma geral, tentar sondar os segredos do Universo – acerca dos quais conheciam mais do que a nossa era materialística pensa. Nessa altura, os papéis de sacerdote, médico, vidente, astrónomo e astrólogo fundiam-se num só. Esses sábios tinham conhecimentos profundos da Estrela Sírio da Constelação do Cão (Sirius A, como é hoje conhecida) e da sua companheira, Sirius B, apesar de esses dois corpos se encontrarem já fora do sistema solar. (Certas tribos primitivas, muito distantes da Mesopotâmia, sabiam também da sua existência, e acreditavam que mensageiros do sistema de Sírio tinham descido à Terra para ensinar aos seus antepassados a arte de governar e um sistema de contagem.) Os Sumérios conheciam a grande densidade de Sirius B, a sua órbita de cinquenta anos em torno de Sirius A e, como Sirius A é a estrela mais brilhante no céu nocturno, ligavam-na, bem como à sua companheira, ao mineral azul-anil, o lápis-lazúli, que também atribuíam aos seus deuses.

Mas não terminava aqui o conhecimento esotérico dos Sumérios. Eles cortavam, poliam e encastoavam substâncias tão duras e preciosas como o cristal-de-rocha, a ametista e a ágata listrada; utilizavam pedras lindíssimas para adornar os edifícios e estátuas e para acompanhar as pessoas de sangue real e os abastados à sepultura. Tinham começado igualmente a aperceber-se, ainda que de maneira diferente da nossa, das conexões gerais entre o planeta Terra e o resto do sistema solar e da função dos minerais como elo de ligação entre as duas coisas.

O método que utilizavam para fazer estas conexões processava-se através da cor: tons de rosa e escarlate a condizer com a coloração vermelho ferrugem de Marte, que se elevava no horizonte em Abril, quando começava o ano sumeriano; jóias verdes para Vénus, que aparecia quando se dava início às colheitas e o povo se sentava a gozar a abundância verde do Verão; azul para Mercúrio, senhor de céus azuis e dias tranquilos; coloração violeta para Saturno outonal; e azul claro para reflectir as neves fundentes nas montanhas longínquas cujo degelo ocorria durante o reinado de Júpiter. Ao Sol eram atribuídas todas as pedras amarelas, e à Lua as pérolas e conchas apanhadas ou mercadejadas no Golfo Pérsico.

Por mais simplificadas que fossem estas associações, e disso não há dúvida, induzindo em erro muitos aspectos, eram interpretações inteligentes dos factos então conhecidos (a química, base das correspondências modernas, era desconhecida); e o saber dos habitantes da Mesopotâmia da Antiguidade, herdada pelos Egípcios e que mais tarde encontrou eco nos Antigo e Novo Testamentos, estabelecem alicerces de conhecimento sobre as quais ainda hoje edificamos. A pergunta a colocar no clima científico dos nossos dias é a seguinte: como demonstrar a veracidade dos elos entre as pedras preciosas e os planetas?

Para responder a esta questão deveríamos reflectir antes de mais no facto de os noventa e tal elementos que constituem toda a matéria existente na Terra, minerais e corpo humano incluídos, estarem representados nos outros planetas, tal como os próprios minerais da Terra. Assim, não só é verdade que nenhum homem é uma ilha, como nenhum planeta é igualmente uma ilha, e os nossos corpos reverberam as vibrações celestes através do médium que são as pedras preciosas. Se se estiver de pé junto da parede de uma sala e se bater palmas, a propagação reflectir-se-ia sobre uma pena pousada numa mesa junto da parede. Exactamente da mesma maneira, as forças planetárias perturbarão – ou acalmarão – os seres humanos. Colocando a questão de outra forma, poder-se-ia dizer que uma pedra

Os PLANETAS

preciosa desempenhará o papel de uma subestação eléctrica, recebendo o calor e as vibrações do regente planetário do seu possuidor e transmitindo-os com mais poder.

A evidência científica sugere que todas as coisas são uma só, no sentido de que todos os produtos químicos e elementos existentes na Terra e noutros planetas são partículas da nossa galáxia, a incrível Via Láctea, que podia muito bem conter mais de uma centena de milhões de outras sistemas solares para além do nosso, todos nascidos com o Universo no momento do «Big Bang», o hipotético instante criativo. Assim, ao longo de toda a nossa vida, temos a «melodia» dos nossos planetas regentes nos nossos corpos, e nunca esta influência é tão forte como no momento em que nascemos e abrimos caminho para entrar no mundo. Tanto a mãe como a criança precisam de ter, nessa altura, as suas pedras apropriadas perto delas no sentido de reforçar ainda mais as influências planetárias. E estas influências mantêm-se.

Pode traçar-se outro argumento, a partir da actividade da Natureza, até de ordem orgânica. Os minerais podem provavelmente vangloriar-se da história pré-natal mais espectacular e prolongada de todas as substâncias existentes. Quando um mineiro ou um prospector descobre uma gema na terra, nem sempre ela lá esteve nesse estado. Pelo contrário, foi por diversas vezes sujeita, e ao longo de um período de milhões de anos, a uma devastadora alternância de expansão e retracção, calor e frio, ocasionada pelas gigantescas convulsões da Terra. Há quatro substâncias vagamente denominadas minerais mas que pertencem de facto aos reinos animal ou vegetal. Duas delas são o âmbar e o azeviche. Encontram-se na crosta terrestre e podem ser cortadas e polidas como se se tratasse de pedra. As outras duas são o coral e a pérola. Estas provêm da água e das criaturas aquáticas. Os verdadeiros minerais são diferentes. De composição inorgânica, contêm exactamente os elementos encontrados em tudo o que é matéria no sistema solar: de planetas e luas, asteróides, cometas e meteoritos à simples poeira. Logo, embora formados no nosso planeta, estão directamente ligados aos seus elementos correspondentes noutros corpos celestes que não a Terra.

Este misterioso processo de criação decorre ainda. Enquanto estamos de pé a contemplar uma bela paisagem campestre, gozando a sombra de uma floresta ou recuperando o fôlego no cimo de uma colina íngreme, os minerais estão em constante formação debaixo dos nossos pés, tal como continuam ainda a ser produzidos nas massas planetárias. A correspondência entre esta actividade na Terra e nos planetas constitui outra das razões pelas quais devemos viver em harmonia com ambos.

A parte principal deste livro será dedicada à catalogação e descrição das pedras apropriadas aos nascidos sob cada signo do zodíaco, mas primeiro tornam-se necessárias algumas explicações. Como veremos, essa parte não está dividida em signos, mas em meios signos: primeira metade do de Escorpião, segunda metade do de Peixes, etc. Esquece-se muitas vezes que, quando a ciência da astrologia foi ideada, cada signo do zodíaco correspondia a um mês exacto – Capricórnio a Janeiro, Aquário a Fevereiro, etc. Ao longo dos séculos, no decurso da jornada de cada massa celeste em redor do Sol, os corpos celestes adquiriram posições diferentes, de forma que cada signo solar começa agora mais cedo do que o primeiro dia do seu mês original, e termina antes do fim desse mês.

À luz disto, e para garantirem a maior precisão possível das previsões, os astrólogos conscienciosos têm o cuidado de consultar o almanaque ou calendário anual astronómico. À medida que os corpos celestes avançam na sua jornada em redor do Sol, o regente de cada signo do zodíaco varia no grau de influência que exerce na Terra em qualquer dado momento, e daí a necessidade da designação de áreas «mutáveis» (isto é, variáveis). Tomando o signo do Carneiro como exemplo: embora o seu principal regente seja Marte, a sua primeira metade recebe influências do Sol ao passo que a segunda tem um regente subsidiário em Júpiter; da mesma forma, a casa de Gémeos regida por Mercúrio é influenciada por Vénus na primeira metade e por Úrano na, segunda.

Seguidamente há que notar que, a cada divisão do zodíaco, é atribuída não uma classificação de pedras mas três – o seu «cristal precioso», o seu «talismã» e a sua «rocha de cabeceira». Em termos grosseiros e imediatos, estes representam três ordens de valor, sendo os cristais preciosos, como o seu nome implica, os mais valiosos indicados para serem encastoados em peças de joalharia ou para serem trazidos no bolso, de preferência envolvidos em seda. A seguir vem o talismã, um amuleto como o define o dicionário, que se usa para afastar o mal ou atrair a boa sorte ao seu possuidor. Menos dispendiosa mas não menos encantadora é a humilde rocha de cabeceira, muitas vezes não lapidada mas nem por isso menos ligada

Os PLANETAS

ao respectivo signo zodiacal do que as outras duas categorias – mais até, na realidade. As duas ou mais opções de pedras que são apresentadas para cada signo permitem aos seus portadores satisfazer as suas preferências – e também adequar as compras às suas bolsas, não desanimando no caso de algumas pedras serem difíceis de obter. Ninguém deveria ficar privado da oportunidade de usar encantadoras gemas ou de as coleccionar. Usar as pedras apropriadas sob qualquer das formas indicadas contribuirá para o seu bem-estar geral, harmonizando-o mais intimamente com as energias do seu signo astrológico e do seu planeta regente.

Embora este livro trate dos poderes benéficos das pedras, e não das suas qualidades estéticas (ainda que estas sejam com frequência referidas), e não pretenda ser um compêndio para negociantes, algumas definições revelar-se-ão talvez úteis. Aos minerais comuns chamam-se geralmente pedras (isto é, tudo o que seja solto e separável da superfície da terra), mas quando dois ou mais minerais de composição fixa mas distinta se juntam, as formações resultantes são chamadas rochas. As pedras adequadas à lapidação ou ao uso são chamadas gemas, e são poucas em comparação com todos os minerais que se podem encontrar. Contudo, a Natureza é igualmente pródiga na produção destas e, embora a maior parte das variedades seja conhecida há milhares de anos, novos tipos de espécies já existentes surgem de tempos a tempos e, ocasionalmente, é descoberta uma gema completamente nova, no meio de grande regozijo e excitação. Várias delas encontram-se catalogadas e descritas nas páginas que se seguem.

O valor das gemas depende, regra geral, da sua beleza, raridade e durabilidade. Quanto maior for o preço, mais elas exibem a magia da Natureza, pois ela consegue fazer as pedras mais soberbas e resplandecentes das substâncias básicas mais comuns. Um diamante não é mais do que carvão cristalino vulgar. O mineral mais conhecido de todos, o cristal-de-rocha, é simplesmente uma variedade clara de quartzo, constituída a partir de duas das substâncias mais abundantes no mundo: silício e oxigénio. Os rubis e as safiras são uma mistura de alumínio e oxigénio, com traços de diferentes metais que dão origem às suas variações de cor. Com efeito, a cor nas gemas é em si mesma um outro paradoxo, pois com uma ou duas excepções (nomeadamente a turmalina e a opala), essas gloriosas colorações que tanto aumentam o prazer e o preço são resultado não de algum grandioso desígnio natural mas de impurezas acidentais. (A ametista, por exemplo, é basicamente cristal-de-rocha, sendo a sua coloração púrpura ocasionada por uma impureza na forma de ferro.) Distinto da cor, temos o brilho, que depende do reflexo e da natureza da superfície da pedra. A turquesa tem um brilho ceroso, os diamantes e zircões têm um brilho forte, as selenites parecem sedosas, etc.

A acção benéfica das pedras é automática. Porque a sua estrutura atómica é sempre a mesma, ajudá-lo-ão de igual modo quer sejam lapidadas quer não, engastadas ou não, usadas, transportadas ou colocadas sobre uma mesa ou secretária. Actuarão mesmo quando os planetas aos quais correspondem se encontram mais afastados da Terra, ainda que quanto mais próximos estiverem melhor, como é evidente.

Não é igualmente verdade que sejam as pedras astrologicamente compatíveis com o planeta de cada um as únicas a poder ser usadas com utilidade. Ninguém está sob domínio de um único planeta. Somos uma mistura de muitos elementos, e tudo o que se passa no sistema solar afecta tudo o que acontece na Terra, de uma ou outra forma. Portanto, esteja descansado. Deixe que as suas pedras actuem para si, por mais «passivos» que elas ou o leitor possam parecer. Se quiser ocupar-se, o melhor que tem a fazer é «orquestrar» a sua colecção de pedras, compondo-as em belos agrupamentos, padrões de cores e configurações interessantes. Dessa forma, elas actuarão umas sobre as outras, e sobre si ao mesmo tempo. As suas pedras estão aí para o harmonizar com o seu planeta, e isso basta.

Finalmente, far-se-á referência nas páginas que se seguem à escala de dureza de Mohs. Por meio desta forma de medição, o diamante é o que tem mais pontos com uma classificação de dez em dez; o talco é o mais baixo, com um em dez. A escala de Mohs é um teste puramente prático inventado por um mineralogista vienense chamado Friedrich Mohs, há mais de século e meio, para benefício de negociantes e de outros na realização dos seus objectivos específicos, e é ainda aplicada apesar da diversidade entre os números. O que nos interessa aqui é a utilização esotérica que se pode dar aos números da escala de Mohs e a outros números. Para a explicarmos, terminaremos estas observações introdutórias com uma nota sobre numerologia.

Nota sobre Numerologia

Em termos simples, a lei da numerologia – «o estudo do significado oculto dos números» – afirma que todos os números são singulares e se encontram entre os algarismos um e nove inclusive. Assim, o número 10, que compreende dois algarismos, é decomposto num número único adicionando o primeiro e segundo algarismos, um e zero, para chegar ao cálculo 1 + 0 = 1. Pelo mesmo princípio, 23 torna-se cinco (2 + 3 = 5), mas dezanove torna-se um pela adição de um passo suplementar: primeiro, adiciona-se um e nove (1 + 9 = 10), depois adiciona-se um e zero (1 + 0 = 1). Resultado final: 1.

Até aqui, tudo bem. Mas precisamos agora de conhecer o número atribuído pela tradição astrológica a cada um dos corpos celestes do nosso sistema solar. São os seguintes: o Sol, 1; a Lua, 2; Júpiter, 3; Úrano, 4; Mercúrio, 5; Vénus, 6; Neptuno, 7; Saturno, 8; Marte, 9.

Plutão, em consequência da sua descoberta recente (1930), não tem número tradicional, mas os astrólogos ocidentais, quase por unanimidade, parecem ter acordado o duplo dígito 22. De forma que esse número, mais os seus múltiplos de 2, 3 e 4 – isto é, 44, 66 e 88 – são tratados como casos especiais e estão todos exclusivamente ligados a este planeta recém-chegado.

Nas páginas seguintes, que referem uma lista de jóias e respectivas estrelas, certas associações numerológicas que derivam destas numerações serão mencionadas de tempos a tempos, em relação com a escala de dureza de Mohs. Chamar-se-á, por exemplo, a atenção para o facto de os diamantes, com uma dureza de 10 na escala de Mohs, estarem ligados ao Sol (1 + 0 = 1) bem como a Neptuno, onde se julga que estas pedras proliferam. A safira rósea (dureza 9) corresponde a Marte (número astrológico 9): o peridoto (dureza 5) alinha com Mercúrio (número astrológico 5): e assim sucessivamente.

Na secção sobre aniversários existente no fim deste livro o cálculo numérico é crucial. Um décimo primeiro aniversário cai sob a influência da Lua (1 + 1 = 2, o número da Lua), um vigésimo sétimo sob Marte (2 + 7 = 9), um sexagésimo sexto sob Júpiter (6 + 6 = 12 = 3). Desta forma, o saber astrológico antigo e um dos ramos da matemática esotérica (hoje, a propósito, adaptada às necessidades da era do computador) combinam-se para manter o homem em harmonia com o Universo, a maior dádiva de que ele pode desfrutar.

O sistema solar

«Os planetas nos seus irradiantes cursos», tal como escreveu o poeta, são descritos de uma forma menos romântica na inestimável «New 20th Century Encyclopaedia» de Hutchinson, como «globos que giram à volta do Sol a várias distâncias e em períodos diversos».

Cinco (além do nosso próprio planeta) conhecem-se desde os tempos mais antigos. Três são recém-chegados. Úrano foi descoberto há dois séculos, Neptuno em 1846, e Plutão recentemente, em 1930. Desde então a ciência tem tido uma participação ainda mais espectacular, começando com a sonda espacial Mariner II de 1962, que modificou o nosso conhecimento de Vénus. Dentro em breve os mistérios de Marte poderão ser por fim parcialmente desvendados. E isso para já não falar do primeiro homem a pisar a Lua...

Antes de passar à lista pormenorizada das pedras e signos, o leitor é convidado a fazer uma viagem pelo espaço, começando, como convém, pelos nossos Sol e Lua, e movendo-se para o exterior até distâncias quase inimagináveis. Mercúrio gira a 57,91 milhões de quilómetros do Sol, à distância de apenas uma pedra segundo os padrões astronómicos, e plenamente visível. Plutão, situado na orla do nosso sistema solar, não é mais do que um ponto no telescópio do cientista e encontra-se a uma distância cem vezes superior.

Mas próximos ou afastados, todos os planetas são iguais, astrologicamente falando, em termos de poder efectivo. Estas páginas explicarão o motivo porque diferem em termos de influência.

O Sol

O Sol é a nossa estrela diurna, apenas uma entre uma centena de biliões na nossa galáxia, a Via Láctea, e é essencialmente composto pelos gases hidrogénio e hélio, tendo o hidrogénio sido convertido em hélio por reacções nucleares naturais no interior do corpo do Sol. Os cientistas classificam o Sol como uma estrela bastante vulgar de tamanho médio porque ele demonstrou uma relativa estabilidade durante os três biliões de anos passados, ainda que constantemente vacile, trema, borbulhe e gire, e se nos apresente com uma vasta variedade de características de superfície confusas como as «manchas solares» (tempestades magnéticas), «clarões» (erupções violentas) e bizarras estruturas atmosféricas. No seu âmago, este inferno esférico flamejante possui um dínamo natural que se inverte de onze em onze anos, assegurando, através da sua produção de energia, a continuidade de chamas explosivas que aquecem e iluminam todos os planetas, luas e matéria em redor num raio de uns 5900 milhões de quilómetros.

Com mais de 300 000 vezes o tamanho da Terra e aproximadamente 100 vezes o de todos os planetas, satélites e objectos sólidos na nossa secção da Via Láctea juntos, o Sol tem um diâmetro de 1 392 530 quilómetros. A sua atracção é tão forte que todos os corpos no seu domínio dançam em torno dele como cortesãos ao serviço do seu rei. O planeta que habitamos é o terceiro em distância do Sol, precedido por Vénus e Mercúrio e seguido de Marte, Júpiter, Saturno, Úrano, Neptuno e Plutão, sendo o último mencionado, tanto quanto sabemos, o que se encontra a maior distância e está situado mesmo na orla do sistema solar. A temperatura no núcleo do Sol foi avaliada em cerca de dezassete milhões de graus centígrados e o calor da superfície calculado em 5500 graus. Logo, o Sol não tem qualquer afinidade com a água.

A Coroa, que é um invólucro luminoso de gases ionizados, rodeia o Sol e a partir dele o «vento solar», corrente de átomos em ebulição que contém os 92 elementos conhecidos do nosso sistema solar e se derrama a uma velocidade de centenas de quilómetros por segundo. O vento solar tem sido empregue pela NASA como forma relativamente pouco dispendiosa de deslocação interestelar. O Sol é por vezes designado de «lâmpada solar» porque torna todas as coisas visíveis e é a nossa forma natural, tendo os seus raios brancos uma combinação de todas as cores do arco-íris, do vermelho e laranja, passando pelo amarelo e o verde, ao azul, ao anil e ao violeta. Cada tonalidade tem a sua própria onda de frequência e é apenas visível quando uma interferência rompe a amálgama do espectro.

O único signo zodiacal sob a soberania do Sol é Leão. Embora reconhecido tanto por astrólogos indianos como ocidentais foi a escola ocidental que lhe conferiu a sua designação leonina, chamando-lhe «O Leão» e atribuindo-lhe o «Fogo» como substância primária.

A Lua

O mundo lunar foi adequadamente apelidado de «Mar da Tranquilidade», pois na sua superfície sem erosão nada é perturbado. Dos detritos cósmicos acumulados ao longo de eras, até às pegadas do astronauta da Apolo, tudo lá está ainda e assim permanecerá durante biliões de anos.

Há indícios de actividade eruptiva ocorrida no passado remoto da Lua, mas isso foi antes de esta Bela Adormecida se ter tornado a suave e persuasiva contrapartida da agitada Terra – na verdade, foi antes de a Terra sequer existir. Sem o nosso par lunar não teríamos energia gravitacional para atrair e repelir as águas do nosso mundo: nem os nossos escuros crepúsculos seriam iluminados por um reflexo prateado da luz solar.

A ficção romântica tornou-se um facto quando imagens reais da fantasmagórica paisagem branca com as suas cordilheiras de montanhas hirtas, os desfiladeiros profundos e sinuosos, as vastas planícies de lava e as vastas crateras circulares deixadas por antigos bombardeamentos de meteoritos, nos chegaram por satélite. A Lua, por cima da qual a vaca da fábula saltou outrora, deixara de ser uma luz inacessível no Céu.

Para os cientistas, a Lua é uma espécie de «Museu Espacial» do qual se pode recolher poeira para ser analisada, ajudando a relevar os segredos da história do sistema solar. A sua superfície desprovida de ar tem apanhado biliões de toneladas de átomos solares, ainda tão frescos como no momento em que, há três biliões de anos terrestres, foram transportados pelo vento solar. Fragmentos de rocha cristalinos e verdes, formados aproximadamente há quatro milhões de anos, e cristais negros transparentes e reluzentos ocultos numa rocha lunar com três milhões e meio de anos, parecem mais recentes agora na fotografia espacial do cientista do que uma pedra com muito menos desgaste cuspida por um vulcão na Terra. No nosso planeta estes minerais há muito que teriam sofrido a erosão de algo que não existe na Lua — a nossa água, ou H_2O.

Menos romanticamente, a Lua é pois um globo bombardeado e sem vida formado separadamente da Terra e com um lado sempre voltado para nós. A Terra pode tê-la capturado por meio de atracção gravitacional, mas não é possível sabê-lo. No entanto, sabemos pelo menos que não é feita de queijo, e que o homem na Lua acerca de quem contámos aos nossos filhos tantas histórias é, infelizmente, produto da nossa imaginação!

A Lua possui muitos minerais semelhantes aos nossos. Eles contêm silício, cálcio, ferro, titânio e magnésio, mas não incluem chumbo, sódio ou potássio. Revela igualmente partículas de solo alaranjado que são na realidade minúsculas contas de vidro formadas através de uma anterior explosão de intenso calor. Possui grande número de rochas, a maior parte delas compostas de uma espécie de feldspato. O seu diâmetro mede 3476 quilómetros, apenas um quarto do da Terra.

Tanto os astrólogos indianos como os ocidentais estão de acordo em que os nativos de Caranguejo são regidos pela Lua. A água é o seu elemento, porque a Lua controla as marés e todas «as águas debaixo da Terra», como diz a Bíblia, incluindo a preponderância de água nos nossos próprios corpos, e o emblema aceite é o caranguejo.

Mercúrio

Revestido de uma camada incolor de poeira de rochas pulverizadas, a perigosa posição do planeta Mercúrio como vizinho mais próximo do Sol é patente na sua superfície descorada e acidentada e no corpo irregular e cheio de crateras. De harmonia com o céu mercuriano negro como breu, sombras satânicas assinalam a ascensão de montes brancos intensamente iluminados, enquanto planícies tremeluzentes se espalham sob veredas escarpadas que serpenteiam e ziguezagueiam mil metros acima. Esta paisagem pálida e confusa é moldada pela actividade vulcânica e a grande rctracção há muito ocorrida no passado remoto de Mercúrio, enquanto sombrias regiões de lava de aspecto vítreo revelam a existência de rocha picada nos

Os PLANETAS

locais em que o material menos denso do planeta foi queimado pela intensidade dos raios solares.

Este é o lado oriental do planeta, causticado pelo Sol, com uma temperatura diurna de 400 graus centígrados. Em contraste directo, e como se tocado por um anjo, encontra-se o lado ocidental, desta feita exposto a Vénus, em que o crepúsculo cobre a paisagem brutal com uma mortalha angélica de cinzento escuro e a temperatura desce dramaticamente a 183 graus negativos. Os dedos tenazes do pôr-do-sol derramam no céu flâmulas de azuis, dourados e verdes que voam para o espaço distante até se fundirem no espaço aéreo. A nossa Terra e a Lua são vistas como estrelas gémeas azuis e a luz do resplandecente planeta Vénus brilha com clareza cristalina, lançando sombras hipnóticas sobre a terra acalmada. O vento solar enche a superfície de Mercúrio de hélio.

O mundo mineral metálico e desprovido de água tem uma rotação axial ultralenta que prolonga cada dia e noite ao equivalente aproximado de cinquenta e nove rotações completas da Terra e, no entanto, o seu ano de 87,969 dias terrestres é o mais curto do sistema solar. Deslocando-se sozinho pelo espaço numa órbita excêntrica, este planeta não tem nenhum satélite por companheiro. Sendo o globo mais pequeno do nosso céu (com 4878 quilómetros de diâmetro), à excepção talvez de Plutão, Mercúrio tem aproximadamente o mesmo nome do que o veloz mensageiro dos deuses, filho do omnipotente Zeus e de Maia, a deusa da Noite.

Pelo saber astrológico indiano, os Gémeos estão sob o domínio do lado iluminado de Mercúrio e a Virgem sob o seu lado escuro. Os astrólogos da escola ocidental também situam estes dois signos a cargo de Mercúrio. O emblema da Virgem é uma mulher com o elemento terra. O dos Gémeos são Artémis e Apolo, filhos de Zeus, que habitam o ar.

Vénus

Sendo o único planeta com um nome feminino no nosso sistema solar de orientação masculina, Vénus afirma a sua individualidade tornando os seus dias quase tão longos como os nossos anos. Obtém esse efeito girando muito lentamente, tornando cada dia individual equivalente a ceca de 226 dias terrestres. No entanto, a velocidade comparativamente vertiginosa com que gira em torno do Sol dividiria o ano terrestre em 224,7 dias. A sua rotação lenta tem outro efeito invulgar. Vénus é o único planeta que apresenta uma temperatura uniforme de dia e de noite.

Este vaporoso e tórrico homónimo da deusa romana do Amor tem um calor à superfície de cerca de 425 graus centígrados, o suficiente para derreter o chumbo. O solo cinzento acastanhado tem um forte matiz laranja e é constantemente ameaçada pela chuva sulfúrica que se precipita de um céu com elevadas cargas eléctricas em que o relâmpago e o trovão precedem tormentas com a violência de tufões que arrastam e catapultam blocos de pedra do tamanho de carroças sobre uma superfície marcadamente perfurada. No entanto, esta volátil senhora dos céus pode sofrer uma mudança de atitude e, embora o globo se mantenha de um calor escaldante, ventos brandos acariciam as rochas quebradas e as pedras de lava, sal e enxofre.

Avaliado em 12 104 quilómetros de diâmetro e com uma densidade atmosférica cerca de 100 vezes superior à da Terra, o planeta Vénus reúne e encerra calor e luz, irradiando uma preciosa quantidade mínima para o seu pequeno vizinho Mercúrio.

Os mitólogos mexicanos costumavam dizer do seu deus principal: «Após a sua morte, o coração de Quetzalcoatl ascendeu aos céus transformando-se na Vénus de prata». Visto da Terra, este segundo mundo perfeito existente para além do Sol surge velado por uma espessa cortina de nuvens e água, a sua orbe regular e esbranquiçada semeada de crateras, vales e vulcões, assemelhando-se o todo a um austero fundo oceânico sem água.

Tanto os astrólogos indianos como os ocidentais consideram que o Touro e a Balança são regidos por Vénus. Os sábios ocidentais escolheram o touro de Minos para emblema do Touro e a terra para seu corpo ou elemento simples, enquanto o emblema da Balança é a balança da Justiça e o seu elemento o ar.

Marte

Embora designado pelo nome do deus da guerra, Marte é na realidade um planeta curiosamente pacífico que exibe uma atmosfera frágil e amena, nuvens dispersas num céu rosa-salmão. Ventos suaves cuja brandura contraria a velocidade a que se deslocam (24 quilómetros por hora), varrem o solo esverdeado com as suas crateras fendidas repletas de cicatrizes de meteoros. Apressam-se a chegar ao outro lado do planeta onde a paisagem ondulante compreende dunas de areia da cor de morangos esmagados com sombras da cor de fetos. Em contraste com o seu lado verde de aspecto artrítico, o pôr-do-sol iluminará aqui e tornará mais claras as massas rochosas, as faixas de leitos secos de rios que serpenteiam através de desertos castanho-rosa durante centenas de quilómetros, desaparecendo por fim em afluentes que alcançam montanhas cobertas de neve.

Marte é sempre muito mais frio do que a Terra, com uma temperatura no equador que não sobe para além dos 26 graus centígrados à tarde. O crepúsculo marciano é verdadeiramente escuro, pois as duas luas do planeta, Fobos e Deimos, são compostas por massas informes e sombrias de matéria. Contudo, às 7.30, hora local, um amanhecer extraordinariamente luminoso encontrará o pico de um colossal vulcão extinto chamado Monte Olimpo (25 quilómetros de altura) contemplando uma dança do espaço orquestral na qual os executantes são alegres matizes de vapor azul e verde desaparecendo num céu rosa proveniente dos vales e bacias formadas pelas crateras. As orlas estriadas dos vales lembram a erosão do vento e da chuva na Terra, mas aqui não existe água. Talvez tenha existido outrora, porque o solo barrento é colorido por ferro oxidado e as rochas são semelhantes aos compostos de água e de enxofre e à lava encontrada na Terra. Contudo, este quarto planeta a contar do Sol, que é o planeta preferido dos escritores de ficção científica do passado e do presente, não fornece infelizmente quaisquer indícios de vida tal como a conhecemos na Terra.

Mas Marte foi outrora semelhante à Terra, e ambos os planetas possuem muitas similaridades. Embora um ano marciano seja equivalente a vinte e três meses na Terra, ambos levam aproximadamente 24 horas a girar nos seus eixos, gozando cada um deles de quatro estações e possuindo calotes polares que não se encontram exactamente centradas nos pólos Norte e Sul. Marte tem uma inclinação rotatória de 30 graus semelhante à da Terra, embora o seu diâmetro seja mais pequeno, com 6794 quilómetros, contra os 12 756 quilómetros da Terra e os 3476 quilómetros da Lua.

O cor-de-rosa é a cor do amor imparcial e o vizinho imediato da Terra azul, do outro lado do Sol, brilha para nós com um fulgor mais suave do que Vénus do seu lado do Sol.

Os astrólogos indianos dizem que Marte mostra o seu lado rosa ao Carneiro e o seu lado verde ao Escorpião. Os astrólogos ocidentais colocam Marte como planeta regente do Carneiro, designam o carneiro do velo de ouro (Ram, carneiro em inglês, é Mars ao contrário sem o «s») como emblema do signo e atribuem-lhe o «fogo» como substância. Para eles, o Escorpião está sob domínio de Plutão com uma subinfluência de Marte.

Júpiter

Situado a meio da trajectória dinâmica do sistema solar, vomitando enormes ondas etéreas, Júpiter merece bem a sua alcunha ocasional de «Touro Enraivecido do Universo». Na sua massa giratória abundam colorações de amarelo, preto e castanho, suavizadas por tonalidades de cor azul e rosa. Uma veemente tempestade oculta por uma enorme mancha vermelha ameaçou a sua superfície turbulenta durante os últimos trezentos anos. Com um nome equivalente ao do grande deus romano Zeus, senhor dos raios e da vitória, esta bola titânica pouco densa dá mostras de uma violência constante face ao seu afastamento para o espaço exterior.

No céu imediato de Júpiter, rápidas e sonoras mudanças de vento transformam nuvens ténues em farripas, enquanto das profundezas da sua atmosfera gasosa, leves penas de alguma substância viva e deconhecida lançam intensa e incomensurável luz ultravioleta, prometendo a morte a qualquer terrestre suficientemente insolente para ali se aventurar.

Para além da agitação, e assemelhando-se a um bando de anjos assustados, cinco grandes luas cor de alabastro flutuam em semiquietude. Estas combinações geladas de amónia, bióxido de carbono e nitrogénio cintilam como crepitantes teias de aranha cor-de-laranja, e correntes eléctricas azuis lançam pequenas lantejoulas glaciais dos seus mantos gelados. Testemunhando a ira do seu senhor existem igualmente cerca de treze luas independentes.

Io é a rainha de Júpiter, bem como o seu principal satélite. Possui um brilho vermelho e amarelo devido à presença de ferro e de elementos sulfurosos formados a partir dos primeiros vulcões activos encontrados fora da Terra. Miríades de tremeluzentes halos dourados coroam a sua superfície e podem ser vistos, através do telescópio, intermitentemente reflectidos em fragmentos brancos de neve salpicando o seu terreno negro e carbonizado.

Os PLANETAS

Júpiter é o maior planeta do sistema solar. O seu diâmetro equatorial, de 142 800 quilómetros, é onze vezes maior do que o da Terra, e é 318 vezes maior em massa. O seu movimento rotativo demora cerca de dez horas comparado com as 24 da Terra, embora leve perto de doze anos a completar o percurso em redor do Sol. Visto do nosso planeta, brilha com uma luz fixa verde-azulada de base amarela transmitindo uma ilusória aparência de tranquilidade. É terrivelmente frio.

Tanto os astrólogos indianos como os ocidentais colocam os nativos de Sagitário e de Peixes sob o domínio de Júpiter, mas os sábios ocidentais consideram que só os nativos de Sagitário são completamente regidos por Júpiter. Atribuem o arqueiro Centauro como seu emblema e o «Fogo» como sua essência. Os Peixes, embora co--regidos por Júpiter, estão mais sujeitos à influência de Neptuno.

Saturno

Um grande balão castanho dourado rodeado de velozes faixas circulares de luz luminosa semelhantes a um arco-íris – tal é o aspecto de Saturno, «o Encantador do Universo». Nenhum outro planeta se pode comparar a esta ilustre obra-prima (diâmetro 120 000 quilómetros), cujo nome se inspira na segunda divindade mais antiga do Império Romano, que era também o deus da fertilidade.

Cerca de nove arcos ou faixas engrinaldam este planeta. São constituídos por milhares de satélites miniatura de poeira cósmica que reflectem a luz do Sol através do seu revestimento de gases gelados. Nenhum destes satélites tem mais de uma centena de quilómetros de um lado ao outro; alguns não têm mais de dez quilómetros. Volteiam nas suas próprias órbitas em torno do planeta Saturno, que demora por sua vez aproximadamente 10 759,26 dias ou 29,46 anos terrestres a dar a volta ao Sol. Devido a esta lenta e deliberada caminhada, ou talvez por ter recolhido o nome de um deus idoso, Saturno tem padecido de classificações erróneas e sido identificado com densos minerais terrestres correspondentes. Com efeito, este delicado globo é o mais leve de todos os planetas da nossa área da Via Láctea, e a sua superfície esbranquiçada e castanho-amarelada com fragmentos de orlas imprecisas é marcada por belíssimas sombras de cor anil forte e violeta escuro.

Uma característica pouco vulgar do céu de Saturno é uma nuvem extralonga, semelhante a uma fita, que vagueia abaixo de pelo menos vinte satélites de água gelada de formato pouco vulgar e muito maiores proporções do que esses domínios feéricos que compreendem os seus anéis reflectivos.

Dado que se encontra muito afastado do Sol, Saturno recebe fraca iluminação, embora seja fácil distinguir um pequeno ponto vermelho em rotação que por vezes se confunde com uma ameaçadora tempestade. As suas condições atmosféricas parecem, contudo, estáveis, sem dúvida porque este sexto planeta do nosso sistema planetário emite ininterruptamente, a um ritmo constante, uma quantidade de calor três vezes superior à que recebe do Sol. Após a passagem deste incrível planeta o vento solar termina a sua jornada, aspergindo a sua força em declínio proveniente do Sol nos nove halos giratórios cujos biliões de arco-íris coroam Saturno com mais jóias do que qualquer rei conseguiria adquirir.

Os astrólogos indianos conferem aos nativos de Aquário e Capricórnio uma regência de Saturno, mas os ocidentais acham que só estes últimos se encontram sob o domínio de Saturno, situando os nativos de Aquário, a quem concedem não obstante uma subinfluência saturnina, sob o signo de Úrano. Assim, os nativos de Aquário que lerem este livro devem procurar os seus minerais em Úrano. Para os Capricórnios, a escola ocidental designa a cabra merina como emblema e a Terra como sua substância.

Úrano

A temperatura glacial em Úrano, 218 graus negativos, dificilmente poderá ser considerada amena, mas a luz solar frígida, aproximadamente 1000 vezes mais brilhante do que a da Lua Cheia sobre a Terra, convida a estranhos devaneios. Todas as tonalidades de verde, do verde-alface ao verde azeitona, invadem as suaves depressões do planeta, fazendo-as parecer mais profundas, enquanto que pingentes de cor semelhante sugerem florestas saídas de contos de fadas.

Este gigante verde, com um diâmetro de 51800 quilómetros, contém vestígios do gás metano, inodoro, de baixa temperatura e mais leve do que o ar, um dos principais elementos componentes do gás natural e do petróleo que na Terra se encontra com frequência perto da água. Muitos cientistas têm sido, consequentemente, tentados a deduzir a presença de água em Úrano, e também que o planeta produz oxigénio, carbono, nitrogénio, silício e ferro. Estes produzem por sua vez entre si hidrogénio, hélio, metano e amónia.

Os PLANETAS

Nenhum calor interno emana deste globo extraordinário que, tal como um homem pesado que não se consegue levantar depois de ter dado uma queda, rola em sentido lateral durante os 85 anos terrestres ou os aproximadamente 31053 dias que leva a dar a volta ao Sol. Quer creiam cuer não, o lugar mais quente deste planeta será provavelmente o seu pólo Norte ou Sul, e não o seu equador.

O céu de Úrano tem dois grandes satélites coroados de halos gelados e tremeluzentes. Baptizados com os nomes do rei e da rainha das fadas do *Sonho de Uma Noite de Verão* de Shakespeare, desempenham fielmente os seus papéis, com o ciumento e vaidoso Oberon tentando impedir que a requintada Titânia o exceda em brilho, e a orgulhosa rainha resistindo, de modo que ambos jorram bolhas de luz efervescentes a grande distância, impelindo uma vivacidade tóxica em direcção ao Sol.

Três satélites menores servem Titânia e Oberon. Temos Umbriel, que trai a sua presença apenas por uma tímida centelha, Miranda no seu manto escuro, e Ariel, que tenta ganhar a admiração do casal real vomitando bolhas cintilantes. Acima deles, os vigilantes anéis negros de Úrano, o sétimo planeta a contar do Sol, arqueiam-se estreita e firmemente, lembrança de que este planeta recebeu o nome do pai dos deuses antigos que, com a sua esposa Gea (Terra), deu origem aos Titãs, aos Ciclopes, às Fúrias e a outras temíveis criaturas da mitologia. Úrano foi descoberto por Herschel, astrónomo da corte do Rei Jorge III, que escreveu que ia dar ao planeta o nome de Jorge, uma vez que «brilhou oficialmente pela primeira vez no seu auspicioso reinado. Deus salve o Rei». Tal afirmação foi objecto de risos a que se seguiu um longo impasse. Deveria este novo planeta receber o nome do seu descobridor, do rei, ou do mais antigo dos deuses? Levou sessenta anos a decidir.

Os astrólogos indianos não reconhecem Úrano, mas os ocidentais colocam o Aquário sob o seu domínio. Atribuem o ar como substância aquariana e o Portador de Água como seu símbolo.

Neptuno

Este planeta, descoberto em 1846, parece estar coberto por um oceano de vagas encapeladas revestidas de grandes quantidades de diamantes de formato perfeito que rebrilham à luz do longínquo Sol. Esta descrição feérica pode parecer rebuscada, mas as últimas medições de densidade da superfície de Neptuno provam de facto que ele não pode ser constituído por gases como a maior parte dos planetas exteriores, mas deve sim consistir de água escaldante, rodeando um núcleo rochoso, e que tem, por sua vez, cerca de dezassete vezes o tamanho da nossa Terra.

Os diamantes de Neptuno seriam compostos dos mesmos produtos e elementos químicos dos da Terra, e é muito provável que o planeta, seja rico neles. O segredo da sua provável existência reside no gás metano gelado que, juntamente com uma série de outros constituintes ainda por identificar, compõe as faixas brancas que rodeiam a face de Neptuno e as nuvens que decoram o seu céu. Quando os átomos de metano se decompõem, transformam-se em carbono. Este, por sua vez, quando comprimido sob grande pressão e calor, torna-se a substância pura dos diamantes. Desta forma, a presença de diamantes em Neptuno pode ser racionalmente deduzida.

Este planeta, com 49500 quilómetros de diâmetro, move-se rapidamente, com uma rotação diária de dezasseis horas. Contudo, demora 164,80 anos terrestres a completar o seu percurso em redor do Sol. A rapidez desta rotação faz com que a pressão aumente, em primeiro lugar no topo e na base ligeiramente achatados do planeta e, em segundo lugar, nos seus dois lados. Assim, o conceito existente acerca deste planeta como tratando-se de um balão reluzente azul claro pairando no espaço e rodeado de anéis brancos é cientificamente sólido bem como artisticamente satisfatório.

Igualmente satisfatório, pelo menos para os entusiastas da ficção científica, é a ideia de que, se uma inenarrável catástrofe atingisse o planeta Terra, o melhor lugar para nos mudarmos seria Tritão, o maior satélite de Neptuno, já que este possui uma atmosfera semelhante à da Terra, possivelmente capaz de suportar a vida humana. Infelizmente, Tritão gira de um modo precário, guinando para trás e descentradamente, tendo como consequência a possível desintegração desta massa suicida (embora talvez não nos próximos dez ou mesmo cem milhões de anos) à medida que se vai aproximando demasiado do seu próprio planeta, Neptuno. Entretanto, o homem poderia talvez fazer uso dos minerais de ferro e silício semelhantes aos da Terra existentes no solo do rochoso Tritão, cuja paisagem repleta de crateras faz lembrar o satélite da Terra.

Neptuno é o oitavo planeta mais afastado do Sol, e recebeu o nome do antigo deus romano do Mar, cuja contrapartida grega era

Os PLANETAS

Poseidon. Tritão, filho de Neptuno e de Anfitrite, formosa deusa do mar, é representado na lenda por um peixe com cabeça humana. No mundo dos satélites, com um diâmetro de 35000 quilómetros, ou seja, pouco menos de três quartos o de Neptuno, Tritão é imenso em comparação com a Lua, cujo volume é cerca de um quarto do tamanho da Terra.

Neptuno não é considerado pelos astrólogos indianos, mas os nativos de Peixes são por ele regidos segundo a tradição ocidental, com uma subinfluência de Júpiter. A divisa dos nativos de Peixes é dois peixes unidos pela cabeça e pela cauda, e o seu elemento primário é a água.

Plutão

Na orla do sistema solar, a 5900 milhões de quilómetros do Sol, Plutão gira de modo regular. Este é o planeta mais misterioso da nossa área da Via Láctea. Não se conhece a sua composição química, nem as suas dimensões exactas — se bem que, através de cálculos baseados em comparação com a nossa Lua, os astrónomos tenham calculado o diâmetro de Plutão, no mínimo, em 3000 quilómetros. Com uma força apenas trezentas vezes superior à da Lua Cheia sobre a Terra, o longínquo Sol do meio-dia cintila como um deslumbrante alfinete no céu plutónico, uma zona crepuscular sobre uma superfície plana, vítrea e gelada. Apresentando uma coloração púrpura, cor de ardósia e vermelho forte, justifica-se que tenha recebido o nome do deus das Regiões Infernais, irmão de Júpiter e de Neptuno. Caronte, que transportava as almas dos mortos através do Estige para o Hades, empresta o seu nome ao satélite de Platão. Este satélite não se desloca para norte, sul, este ou oeste relativamente ao seu planeta, mas mantém-se estacionário acima dele em luminosa complacência; em comparação com a nossa própria Lua, em relação à qual é seis vezes maior. Juntos, estas duas entidades gélidas que, aquando do nascimento do sistema solar, eram duas bolas de fogo fundido, circumnavegam lentamente o Sol, demorando o equivalente a 247,7 anos terrestres (ou mais de 90000 dias) a completar cada trajecto. No seu período rotatório de seis dias, Plutão e o seu satélite têm o hábito arrepiante de atravessar o caminho orbital de Neptuno, seu vizinho planetário mais próximo, numa espécie de equivalente celeste da Roleta Russa, espicaçados, dizem os cientistas, pela atracção hipnótica de Neptuno pelo satélite de Plutão. Plutão e o planeta Terra, mais uma vez segundo os astrónomos, são os dois únicos planetas cujo sistema planetário é duplo, mas termina aí a semelhança entre ambos, uma vez que a Terra e a Lua estão quase cinco vezes mais afastadas do que Plutão e o seu barqueiro.

Embora os astrólogos ocidentais considerem a existência de Plutão, os praticantes indianos ignoram-no, tomando-o por um vulgar intruso (foi muito recentemente descoberto, em 1930, e por cálculo matemático, não por observação directa). No esquema ocidental, este nono planeta que é também o mais afastado do Sol, é designado como regente de Escorpião, tendo Marte como subinfluência. Os seus súbditos, têm o escorpião do deserto – ou, antigamente, a águia – por emblema e a água como substância.

Segunda Parte

SIGNO A SIGNO
E
PEDRA A PEDRA

Primeira metade de Carneiro
(21 de Março-4 de Abril)

Cristal precioso: *diamante róseo*

De «primeira água» é o termo utilizado no negócio dos diamantes para designar as gemas de alta qualidade que exibem colorações belas e fora do comum. Uma das mais raras desta categoria é o diamante róseo, cuja melhor qualidade existe na Austrália Ocidental. É igualmente o cristal precioso que corresponde à primeira metade do signo de Carneiro, regida pelo planeta Marte com o Sol como substância mutável. Tratando em primeiro lugar da massa mutável, deve referir-se que um diamante é formado por um elemento apenas, e é único no facto de este elemento (o carbono) se cristalizar quando exposto a temperaturas elevadas e a pressão extrema, após o que se torna um diamante. O ciamante, tal como o Sol, não tem qualquer afinidade com a água. Pode suportar temperaturas muito elevadas e, em correspondência com a luz do Sol, possui a maior intensidade de brilho possível numa matéria transparente.

Ninguém sabe o que torna alguns diamantes cor-de-rosa mas, como o primeiro grupo dos nativos de Carneiro têm o Sol como sua substância mutável e Marte como seu verdadeiro soberano celeste, têm de ter um diamante róseo como cristal precioso. Além disso, dado que Marte não possui água e que a astrologia popular considera que o indivíduo nativo de Carneiro é regido pelo lado vermelho (na realidade cor-de-rosa) de Marte, o diamante rósco harmoniza-se com este delicado planeta de solo rosa ferruginoso e com o céu suavemente rosado até ao mais pequeno pormenor.

Um segundo cristal precioso para os nativos da primeira metade de Carneiro é a safira rósea. Suficientemente forte para o Sol na qualidade de planeta mutável com uma dureza de 9 (número atribuído a Marte pelos numerologistas) e crendo-se ser colorida por inclusão de ferro e crómio, esta pedra tem um elemento metálico dominante na sua composição e é um dos cristais mais intensamente luminosos que existem.

Segunda metade de Carneiro
(5 de Abril-20 de Abril)

Cristal precioso: *alexandrite*

Esta variedade rara da família do crisoberilo realiza uma curiosa absorção de luz na parte verde-amarelada do espectro que lhe confere nítidos cambiantes de verde musgo escuro à luz do dia e de suave vermelho sob a luz eléctrica. A alexandrite surge por vezes em tons mais pálidos, mas continua a exibir a mudança do rosa para o verde. Colorida pelo elemento metálico crómio, compreende efectivamente o raro metal berílio, e também o alumínio, conferindo-lhe o primeiro uma correspondência com o planeta Júpiter, que os cientistas crêem ter metais raros rodopiando na sua massa. O berílio é a única fonte comercial do berilo e este, dado que se trata de um dos elementos metálicos mais leves, harmoniza-se em simultâneo com Júpiter e com Marte.

Devido à sua mudança de cor, a alexandrite é frequentemente confundida com uma esmeralda, de dia, e com uma ametista, de noite, sendo por esta peculiaridade muito apreciada pelos conhecedores. Era igualmente do agrado de um mulherengo de outrora, que se servia dela para enganar jovens inocentes. Dizia-lhes que, se a esmeralda que viam de dia se transformasse numa ametista de noite, tal provaria o seu infinito amor por elas.

Descoberta no dia do aniversário do czar Alexandre II, e ostentando as cores nacionais russas, a alexandrite é a principal gema da Rússia. Viu a luz do dia pela primeira vez nas margens do Rio Takovaya nos Montes Urais, mas desde então tem sido encontrada no Brasil, Zimbabué, Sri Lanka e Madagáscar.

A serena rodonite é outro cristal precioso para os nativos da segunda metade de Carneiro. Quer seja transparente ou translúcido, este cristal raro e pouco conhecido reflecte o solo cor-de-rosa ferruginoso de Marte e o seu céu, cuja tonalidade varia entre o rosa forte e o rosa claro. Em concordância com Júpiter, a rodonite tem uma tonalidade esverdeada quando contém impurezas, mas a sua composição básica é variável pelo facto de os seus elementos de manganés poderem ser substituídos por cálcio ou ferro. Esta pedra preciosa tem uma dureza média de 5,5-6,5 numa escala de 10, mas continua a ser adequada ao uso e harmoniza-se perfeitamente com o glaciar Marte e com a distância a que Júpiter se encontra do Sol.

A opaca e semipreciosa rodonite, exibindo um esplêndido espectro de matizes rosa-bebé, morango e framboesa, vulgarmente marcados pelo resultado de uma alteração negra, era uma das preferidas de Carl Fabergé, cuja clientela aristocrática encomendava *petites vases* com esferas, caixinhas e animais domésticos de rodonite. Perante isto, seria de supor que a melhor qualidade fosse proveniente da Rússia, mas, com efeito, a rodonite de qualidade superior tem origem nas localidades da quente e poeirenta cidade australiana Broken Hill.

Primeira metade de Carneiro
(21 de Março-4 de Abril)

Talismã: *pedra-do-sol*

Um fulgor avermelhado, originado por uma diminuta inclusão de hematite, lepidocrite e materiais afins num fundo amarelo ou amarelo-acastanhado, é uma das características desta gema. A lepidocrocita é um mineral feito de cristais cuja cor varia entre o vermelho translúcido e o vermelho alaranjado encontrado em veios de ferro, e a hematite é um valioso minério de ferro. Ambos correspondem ao globo marciano.

A pedra-do-sol imita o Sol pelo seu brilho vermelho matizado de dourado que reluz e ressalta de maneira sensacional na joalharia. É geralmente lapidado em forma arredondada ou em semicírculo.

Quando salpicada de vermelho, a pedra-do-sol chama-se jaspe, outra pedra de aniversário dos nativos de Carneiro.

Um talismã alternativo para estes nativos de Carneiro é a pedra preciosa verde escura com laivos vermelhos conhecida por heliotrópio, nome que deriva da palavra grega que significa «viragem para o Sol». É também conhecida por sanguínea. Esta gema lendária que, acreditava-se, transformaria o amarelo do Sol em carmesim se fosse imersa em água, foi sempre portadora de boa sorte ao seu possuidor. Integra-se na família da calcedónia, que se forma geralmente a baixas temperaturas, tornando-a um mineral paralelo a Marte no que toca a cor, composição e formação. Os Indianos, os Árabes e os Babilónios usavam amuletos de sanguínea trabalhados.

Quando a sanguínea se apresenta sem raios vermelhos é designada por plasma (outra pedra preciosa para os nativos de Carneiro deste grupo). O verde-escuro é colorido por um material conhecido por glauconite – que é um mineral derivado de produtos químicos existentes na lava derretida, ricos em ferro e manganés.

Segunda metade de Carneiro
(5 de Abril-20 de Abril)

Talismã: *bowenite*

Os Persas da Antiguidade chamavam-lhe «sang-i-yashim», os Maoris da Nova Zelândia «tangiwaiit» e nós conhecemo-la por bowenite, o talismã para os nativos da segunda metade de Carneiro. Dantes, as pedras atribuídas como talismãs aos nativos de Carneiro eram de cores fortes e berrantes, talvez por ignorância do facto de a massa do seu soberano celeste ser de um vermelho ténue e não vivo, e de antigamente o aspecto de Marte ser verde.

A bowenite, com a sua suave e mística aparência verde translúcida, pertence à família das serpentinas, possuindo no entanto mais do dobro da dureza dos outros membros do seu clã, seja 5,5. Contém o metal marciano (ferro) entre outros elementos metálicos que correspondem a esse planeta. Existem espécies maravilhosas na América, no Afeganistão, na China, em Caxemira e na Nova Zelândia, produzindo este último país bowenite verde com laivos azuis, o que realça profundamente o aspecto dessa pedra normalmente pálida. Para a bolsa do cidadão médio, há esplêndidas contas, jóias sortidas e pequenas esculturas de bowenite. As esculturas são geralmente produzidas na China e vendidas depois como «jade chinês». Além desta, o ocasional talismã de bowenite do Punjab pode ser encontrado em genuínas lojas de antiguidades.

Carl Fabergé comemorou o nascimento do filho do czar, Nicolau, herdeiro do trono russo, desenhando um relógio de bowenite adornado de esmalte rosa opalescente e branco translúcido, diamantes róseos (lapidados), figuras de prata dourada e pombas de platina. Outro talismã para a segunda metade de Carneiro é um associado vermelho-acastanhado transparente ou amarelo-ferrugem translúcido do grupo da calcedónia conhecido por cornalina ou sardónica. Em meados do século VI, Gregos e Fenícios começaram a utilizar cortantes e esmeril para embelezar as pedras preciosas. A cornalina era o material favorito devido à sua fórmula granular fina, facilidade de aquisição e diversos matizes, que eram cuidadosamente utilizados. O artista servia-se do cortante como de um pincel, e da pedra como de tinta e tela simultaneamente. As zonas mais claras eram meticulosamente trabalhadas para serem utilizadas em intricados penteados e na parte superior das vestes; os matizes mais escuros destinavam-se ao rosto e ao corpo. Um tema divulgado era o do camafeu com a gravação do escaravelho egípcio, usado como anel e como selo. O lado do anel gravado com o escaravelho era colocado longitudinalmente num suporte giratório, permitindo assim voltá-lo, revelando a parte inferior com insígnias pessoais gravadas.

Carl Fabergé também gostava de trabalhar a cornalina. Particularmente magnificente é a sua «Caixa Abóbora», decorada com ouro amarelo, esmalte branco e diamantes róseos (lapidados).

Primeira metade de Carneiro
(21 de Março-4 de Abril)

Rocha de cabeceira: *cinábrio*

Para o duplo mundo marciano que rege o signo de Carneiro, uma tripla combinação de rochas de cabeceira compreende o cinábrio escarlate, a dolomite e o quartzo. O artista do Neolítico triturava o cinábrio para colorir as suas sangrentas imagens de animais e da caça, e o seu nome moderno deriva da palavra persa para sangue de dragão. Por volta do ano 100 a.C., os Romanos importaram 4500 toneladas de cinábrio de Espanha, onde, tal como noutros lugares, ainda hoje é trabalhado. Tem agora muitas utilizações benéficas. Contém cerca de 86 por cento de mercúrio e é o principal mineral que contém esse metal.

O suave mundo marciano, com a sua atmosfera leve, está em harmonia com os cristais escarlate desta rocha de cabeceira e suas finas orlas transparentes, tanto mais que o cinábrio se encontra muitas vezes em veios junto de perturbações vulcânicas em arrefecimento, correspondente aos vulcões extintos de Marte. Em testes laboratoriais o cinábrio vermelho exala vapores esverdeados, condizendo esta cor com a da antiga aparência de Marte.

Tal como o cinábrio, a dolomite é um material mole, de aparência translúcida ou transparente, e é geralmente matizada de branco--pérola ou amarelo-pérola – daí o outro nome que possui, espato nacarado. Os seus cristais são bastante comuns e difíceis de distinguir dos da calcite. Recebeu o nome do primeiro homem a reconhecer a diferença, Deodat Dolomieu, em 1791. Como fonte de bióxido de carbono adapta-se correctamente ao Sol.

O quartzo, que completa o trio de rochas de cabeceira para a primeira metade dos nativos de Carneiro, corresponde na realidade ao planeta Saturno, mas o mineral mais abundante na Terra é visualmente aceitável para completar a dramática exibição de escarlate nas suas texturas triplas, conferindo-lhes um acabamento cintilante em contraste com o aspecto mate do cinábrio e a superfície, de brilho semelhante ao das pérolas, da dolomite.

Segunda metade de Carneiro
(5 de Abril-20 de Abril)

Rocha de cabeceira: *jaspe vermelho*

Imaginem uma massa escarpada de um sólido rosa cogumelo cintilante de poeira estelar e eis a rocha de cabeceira do segundo grupo dos nativos de Carneiro. É o jaspe vermelho, um material opaco muito comum nas jóias do Egipto do Império Novo (1500- 900 a.c.). A moda nessa época eram brincos, colares largos, cinturões entrançados, braçadeiras, braceletes e pingentes, numa mistura colorida de sementes, vidro, contas de metal e várias pedras, sendo o elo entre eles o jaspe vermelho que era, muitas vezes, lapidado com o formato de um berloque cilíndrico. Corresponde ao solo do planeta que rege o Carneiro, que se sabe hoje ser cor-de-rosa em todos os seus matizes.

A Natureza mudou a aparência deste membro muito apreciado da família da calcedónia conferindo-lhe um revestimento de transparentes e minúsculos cristais cor-de-rosa, e colocou o «novo modelo» jaspe num local passível de ser descoberto pelo homem. Foi encontrado e baptizado com o nome de jaspe vermelho (ou sanguíneo). Assenta bem a Júpiter, planeta mutável para os nativos da segunda metade de Carneiro, e também aos planetas exteriores, de percurso mais lento.

A segunda rocha de cabeceira, dos afortunados nativos do Carneiro, é a decorativa zoisite rubi. Com a aparência de um bolo de cereja verde forte com fragmentos escuros cor de chocolate, esta gema dá origem a bonitos pratos, cinzeiros, ovos e até simples esferas. A cor cereja é dada na realidade por grandes cristais opacos bulbosos de rubi amalgamados num mineral negro que está presente na zoisite, cujas tonalidades variam entre o amarelo forte e o verde relva. O mineral negro que contém os rubis é rico em ferro. A Tanzânia possui grandes quantidades destas pedras maravilhosamente atraentes.

Primeira metade de Touro
(21 de Abril-5 de Maio)

Cristal precioso: esmeralda

As esmeraldas têm uma história bem definida e fascinante que remonta aos tempos mais primitivos. Foram encontradas pela primeira vez na Etiópia, e reza a lenda que Sargão I, imperador desse país, usava sempre uma. Foram uma das principais fontes de saúde no antigo Egipto e também na Grécia. Chegaram até nós hieróglifos que mostram mineiros gregos a trabalhar numa mina perto do Mar Vermelho durante o reinado de Alexandre Magno – as suas ferramentas foram redescobertas no princípio do século XIX – e na época dos Romanos foi esculpida uma famosa esmeralda com o rosto de Cleópatra.

Na América Latina os templos peruanos eram verdes e decorados com esmeraldas, enquanto que no México foram pilhadas em grande quantidade pelos *Conquistadores* para serem utilizadas, entre outras coisas, nas suas igrejas. Hoje, as esmeraldas mais notáveis encontram-se na Colômbia, no Egipto, nos Alpes de Salzburgo, na Sibéria, na Zâmbia e no Zimbabué.

O cristal da esmeralda contém sempre pelo menos dois químicos metálicos – alumínio e berilo – mas as suas colorações atractivas e reluzentes e que vão do verde escuro a tonalidades mais claras, devem--se provavelmente à presença de pequenas quantidades de crómio. Sabe-se da existência de esmeraldas vermelhas na Natureza mas poucas de excepcional qualidade chegaram alguma vez ao mercado. As esmeraldas grandes são raras, o que explica o seu preço elevado, o mesmo sucedendo com as espécies claras. A maior parte são turvas, com imperfeições e inclusão de minerais estranhos, e no comércio são chamadas «musgosas». Observadas ao microscópio, até esmeraldas absolutamente límpidas registam um vestígio característico de uma distribuição irregular de cor, muitas vezes em camadas.

Embora a esmeralda possua uma densidade baixa, sendo por este motivo pouco adequada ao lento planeta Vénus, os seus elementos metálicos compensam-na, e os nativos de Touro podem confiar no uso destas pedras.

O mesmo se aplica à esmeralda oriental, que é na realidade uma safira verde, e contém igualmente alumínio. É mais dura do que a esmeralda e ligeiramente mais pesada, mas falta-lhe a intensidade de cor da outra pedra. Uma boa razão para se harmonizar com Vénus, é o facto de a sua dureza a tornar impermeável à chuva ácida.

Segunda metade de Touro
(5 de Maio-20 de Maio)

Cristal precioso: *andaluzite*

Tal como uma lagarta se transforma numa borboleta, também a andaluzite sofreu uma metamorfose aparentemente mágica – no caso da variedade transparente, da rocha negra opaca para o límpido cristal colorido.

No escuro e amorfo interior da Terra, ondas de calor levaram outrora áreas de rocha solidificada a evaporar-se e a libertar-se sob a forma de vapor através de fendas na crosta. Neste processo, os gases líquidos misturaram-se e transferiram parte de si próprios para lugares onde, ou ficaram em repouso, ou receberam maior pressão ao darem início ao arrefecimento. Alguns ficaram como estavam, mas a maior parte continuou a voltear, derreter, misturar-se, flutuar e remodelar-se até chegarem a uma área da superfície da Terra onde adquiriram as formas que têm hoje. Daí resultou uma variedade de rochas, mas o carácter da andaluzite é determinado pelo alumínio, que explica a sua correspondência com Vénus, atribuindo-lhe poderes reflectivos equivalentes aos da estrela mais brilhante do céu. Tal como Vénus, também ela é capaz de suportar grandes pressões de luz e calor. E é um notável condutor de electricidade.

O cristal andaluzite apresenta-se com tonalidades amarelas, verdes, cinzentas, cor-de-rosa, vermelho cor de carne viva, encarnado, púrpura e castanho, exibindo cada variedade uma magia mineral na sua capacidade de mudar de tonalidade quando observada a partir de um ângulo diferente. Uma alteração particularmente bonita é a do verde para vermelho purpúreo; outra, a do púrpura azulado para amarelo pálido. Tanto os cristais coloridos como os transparentes se harmonizam com Vénus e Saturno, planeta mutável para os nativos da segunda metade de Touro tanto em tonalidade como em dureza. A sua dureza é irregular, com um máximo de 7,5 e, tal como a esmeralda, resistem ao ácido. Alguns negociantes de pedras preciosas aquecem o cristal andaluzite para vender no mercado retalhista, uma vez que este processo pode embelezá-la, conferindo-lhe uma tonalidade azul forte – cor também muito apropriada à correspondência com Vénus e Saturno.

Alguns nativos de Touro desta área do Zodíaco preferem talvez a pedra irmã da andaluzite, a quiastolite, que possui a mesma composição mas com adicionais inclusões de carbono que fazem lembrar uma flor de quatro pétalas ou cruz. No Norte da Espanha os cristais de quiastolite são por isso chamados «pedras da cruz», e são vendidos aos peregrinos desde os tempos medievais. Com efeito, o termo andaluzite deriva do nome da província espanhola da Andaluzia. Hoje, as gemas de maior qualidade provêm, contudo, do Brasil.

Estes nativos de Touro têm ainda um outro cristal precioso – a esfalerite. A cor mais rica produzida por esta pedra é um dourado acastanhado com uma intensa luz amarela, mas a esmeralda pode apresentar tantas tonalidades que nem mesmo os peritos a conseguem reconhecer à vista desarmada. Contém geralmente ferro juntamente uma série de elementos mais raros, ao passo que a esfalerite não-preciosa é um dos principais minérios do zinco. Os cristais de superior qualidade são geralmente provenientes de Espanha.

O poder curativo dos CRISTAIS

Primeira metade de Touro
(21 de Abril-5 de Maio)

Talismã: *azurite e malaquite*

As pedras são os talismãs gémeos para os nativos da primeira metade do Touro. Têm composições semelhantes e a mesma medida de dureza (3,5-4). Ambos produzem igualmente mais de 50 por cento de cobre que, devido ao seu teor de enxofre e ferro, estabelece a sua correspondência tanto com Vénus (que rege o corpo celeste do Touro) como com Mercúrio (globo mutável da primeira metade).

A azurite, de um intenso azul celeste que oscila entre o transparente e o translúcido, é das duas a pedra mais rara. Tende a surgir, quer em rosetas formadas de pequeninos cristais pulverizados, quer na forma de massas reluzentes em minerais de outras variedades.

Durante os séculos XV e XVI, os artistas europeus tinham o costume de reduzir a azurite a pó, mas descobriu-se então que, quando a tinta secava, a sua brilhante cor azul adquiria vários matizes do esplêndido verde da malaquite.

A malaquite mais rica é facilmente reconhecível pelas suas superfícies de cores claras e escuras. Por vezes chamada «minério de cetim», a malaquite serviu de tema a muitas lendas mágicas antigas. Contava-se que indivíduos na posse deste mineral eram capazes de compreender os animais e que muitas princesas russas brincavam deleitadas com caixinhas de jóias que conferiam ao seu possuidor o poder da invisibilidade.

Não compre cinzeiros feitos destes minerais — as pontas dos cigarros e dos charutos deixam-nos marcados; contudo, são populares como ornamento. O fornecimento de ambas as pedras é sobretudo proveniente do Congo, mas encontram-se actualmente grandes quantidades na Austrália, América, Grã-Bretanha, França e Sibéria.

Segunda metade de Touro
(6 de Maio-20 de Maio)

Talismã: *jadeíte*

Esta pedra forma-se unicamente sob pressão elevada — pelo que se pode associar ao planeta Vénus, onde a atmosfera mais densa do que a da Terra conseguiria exercer uma pressão esmagadora sobre o que quer que fosse. Possui excepcional elasticidade, e cristais fibrosos entrecruzados na sua estrutura que lhe conferem uma robustez maior do que a do aço.

Entre as maravilhosas tonalidades da jadeíte incluem-se as cores negro, castanho, rosa, vermelho, castanho-alaranjado e branco e muitos cambiantes de verde. A jadeíte cor de alfazema tem sido atribuída aos nativos da segunda metade de Touro, porque o planeta Saturno, de sombras púrpura e azuis, é o seu globo mutável.

A jadeíte é símbolo de pureza, firmeza, e de todas as coisas duráveis. Quando batida solta uma nota musical, o que constitui sem dúvida a fonte da antiga crença de que se trata de um «amuleto de auspícios harmoniosos». Uma dama que apreciava esta pedra era Tz'e Hsi, a tirânica última Imperatriz Viúva da China, que morreu em 1905. Pensa-se que durante a sua longa vida terá coleccionado mais de 3000 caixas gravadas de jadeíte, todas adornadas com a mesma pedra.

Uma amonite piritosa é um talismã complementar cuja textura é por vezes tão suave que permite ser trazido no bolso, colocado num medalhão ou cortado ao meio e engastado como botões de punho. Esta pedra ficou, pode dizer-se, na história da pedra prateada, pois é formada a partir de uma criatura extinta há 60 milhões de anos – o primitivo antepassado da família dos octópodes. Provavelmente vegetariano, enchia o corpo de ar, o que lhe permitia deslocar-se dentro de água com a velocidade de um submarino moderno. Do Yorkshire na Inglaterra, e de França provêm belos exemplos de amonite piritosa. A sua ligação com Vénus é o minério de ferro, a pirite, que é utilizada para produzir bióxido de enxofre para o ácido sulfúrico.

Primeira metade de Touro
(21 de Abril-5 de Maio)

Rocha de cabeceira: *marcassite*

Há boas razões para a marcassite ser a rocha de cabeceira do primeiro grupo dos nativos de Touro, pois é formada num meio de soluções ácidas, que correspondem a Vénus, planeta da chuva sulfúrica. Trata-se de uma pedra circular achatada, formada de cristais irradiantes e reluzentes que variam suavemente de tonalidade, amarelo prateado ao bronze amarelado. É um minério de platina, outra ligação venusiana, tanto mais que esse metal duro, quase indestrutível, conseguiria mesmo resistir às condições mortificantes desse planeta. Mas embora a platina seja utilizada pelos joalheiros, poucos objectos de joalharia apresentados como marcassite são genuínos — o comércio moderno prefere o aço. «Branca», para a designarmos segundo a descrição geológica, a superfície desta gema deve ser, quando vendida como ornamento, coberta de uma substância que não seja susceptível de perder o brilho, para que a luz que emana do seu âmago não se torne baça.

Cubos de pirite de coloração prateada, também conhecida por «o ouro dos tolos», constituem uma segunda rocha de cabeceira para os nativos de Touro. A composição da pirite é idêntica à da marcassite, mas esta pedra forma-se a uma temperatura mais elevada e tem uma cor mais escura. O seu alto teor de enxofre tem dado origem a que seja utilizada na feitura do ácido sulfúrico: com efeito, é completamente insolúvel em algumas soluções ácidas. Acompanhando por vezes o ouro, a pirite é um mineral brilhante de cor prateada que se forma em blocos achatados com linhas rectas estriadas nas superfícies. A sua forma é tão perfeita que muitas pessoas pensam que esta pedra foi esculpida pela mão do homem. O seu nome provém do grego *pyr*, que quer dizer «fogo», devido às centelhas que se desprendem quando é friccionada.

Tanto a pirite como a marcassite têm uma dureza de 6, número atribuído a Vénus.

Segunda metade de Touro
(6 de Maio-20 Maio)

Rocha de cabeceira: *pedra irlandesa das fadas*

Os nativos da segunda metade de Touro recebem influência de Vénus e Saturno no seu horóscopo, sendo-lhes por este motivo atribuída esta admirável mistura de cúbica galena cinzento-azulada (principal minério do chumbo), de claro e cintilante cristal-de-rocha (o «olho mágico» dos adivinhos), e esfalerite metálica amarela e negra (principal fonte de muitos metais raros e o mais importante minério de zinco) e pequenos blocos acobreados de «ouro dos tolos» ou pirite que, em conjunto, formam a pedra irlandesa das fadas. Tão irlandesa como o seu nome, eis uma pedra preciosa verdadeiramente imprevisível, na qual nem um só dos cristais que a compõem é aquilo que pretendia originalmente ser.

Os elementos de que é composta surgiram nas profundezas da crosta terrestre num conglomerado de mistura de rocha escura. Depois surgiram pressões de zonas ainda mais profundas, em consequência das quais estas rochas básicas foram quebradas, comprimidas e fundidas, liquefeitas e sucessivamente retemperadas transformando-se em cada uma destas ocasiões num mineral completamente novo. Permaneceram finalmente em repouso perto da superfície da Terra, assaz longe das perturbações vulcânicas para não voltarem a derreter, e prontas a ser descobertas pelo homem.

Tal é a história da pedra irlandesa, com a sua reluzente massa de cristais exibindo um orgulhoso e sombrio esplendor após a sua difícil corrida através do tempo.

Primeira metade de Gémeos
(21 de Maio-5 de Junho)

Cristal precioso: *safira laranja* (*padparadscha*)

Tal como o planeta mais turbulento do nosso sistema solar, o cristal mais acerado a seguir ao diamante exige, para se formar, condições semelhantes às de uma fornalha. Pertencendo à família do corindo, cujo nome deriva de Kuruwinda, rubi em sânscrito, a safira laranja tem uma reputação antiquíssima como símbolo da verdade, da constância e da virtude. Exibe um matiz, transparência e tonalidade que grangearam para o corindo o estatuto de flor entre as pedras preciosas, dado que os cambiantes resplandecentes são habituais. O que dá origem à vasta gama de cores do grupo é segredo da Natureza, excepto no que toca ao vermelho que contém titânio e ferro. Embora haja alguns dos coloridos mais suaves, apenas três deles são geologicamente aceites. «Rubi» para o vermelho, «safira» para o azul e todos os outros cambiantes com excepção do laranja que é chamado *padparadscha*) ou «safira laranja». Este nome deriva do indiano e significa «rebento de lótus», consagrando também os Indianos este cristal precioso à sua deusa Lalita, mais conhecida pela Devi Safira da Fertilidade.

O corindo puro é composto de oxigénio e alumínio. Mas como as espécies incolores são extremamente raras, são as sumptuosas colorações induzidas pelas impurezas que alcançam os preços mais elevados. É impossível descobrir o que dá origem a estes matizes, mas tal facto constitui uma vantagem ao ser-lhes atribuída correspondência com os corpos celestes – os agentes corantes são inimitáveis e logo, por definição, genuínos. Com efeito, como nenhum dos produtos químicos é suficientemente forte para ser diferenciado, o *padparadscha* pode ser considerado um corindo quase perfeito, que corresponde a Mercúrio mercê da sua grande densidade.

O vizinho mais próximo de Mercúrio, Vénus, com a sua tonalidade alaranjada, é o corpo mutável desta parte do zodíaco e está sob constante ameaça da chuva sulfúrica, de forma que, uma vez mais, o *padparadscha* é adequado, pela imunidade aos ácidos. Em concordância com o planeta mais afectado pelo Sol, o *padparadscha* é resiliente e não derreterá quando exposto a temperatura elevada; o seu brilho é duradoiro, e o fogo existente no seu interior emana luz de cores quase tão variadas como as do Sol. A sua dureza é pouco inferior à do diamante – nove numa escala de dez.

Na família do corindo surgem com frequência três colorações num cristal, e este fenómeno está bem patente numa célebre estátua de Confúcio esculpida numa pedra tricolor. Exibe um corpo transparente de cabeça branca e cor azul claro, e membros amarelo-alaranjados.

Finalmente, imitando a superfície pulverizada de poeira rochosa do seu parceiro celeste, o corindo de mais fraca qualidade é desde há séculos utilizado como abrasivo industrial. Os Chineses da Antiguidade apetrechavam arcos com cordas revestidas de esmeril (o esmeril é poeira de corindo) para modelar outras substâncias.

A taafeíte é um dos cristais mais raros conhecidos pelo homem, e constitui uma segunda opção para os nativos da primeira metade de Gémeos. Descoberta com outras espinelas pelo conde Taafe em 1945, é quase tão dura como a safira e tem praticamente a mesma densidade. É uma pedra preciosa brilhante mas, tal como a safira incolor, quase impossível de obter.

Segunda metade de Gémeos
(6 de Junho-21 de Junho)

Cristal precioso: *olho de gato*

Os Gregos chamavam-lhe *cymophane*, que significa «luz ondulante», mas o cristal precioso para os nativos da segunda parte de

Gémeos é conhecido entre nós por «olho de gato». Esta pedra preciosa, especialmente valiosa e translúcida, pode apresentar um corpo amarelo-dourado, amarelo claro, verde-bambu ou castanho-azulado mas, seja qual for a coloração, um poderoso feixe de luz branco-prateado atravessa a sua superfície semicircular quando estimulado ainda que pelo movimento mais ligeiro.

Conhecida como o «deleite do amante de pedras», os antigos acreditavam que esta gema afugentava os perigos físicos e os assaltos demoníacos à alma. A sua principal característica, uma brilhante faixa luminosa, surge através da reflexão da luz a partir de fibras finas paralelas ou tubos de cristal ocos que o cristal em crescimento encerra ao formar-se. Os olhos de gato são geralmente considerados as mais belas gemas «raiadas» e, infelizmente para os nascidos na segunda metade de Gémeos, o seu preço é condizente.

Se alguém pertencente a este grupo preferir um cristal tansparente, então a mesma variedade de mineral a que pertence o olho de gato, conhecida por crisoberilo, fornecerá um brilho superior ao da maior parte das outras pedras preciosas. Os joalheiros portugueses e espanhóis dos séculos XVII e XVIII davam preferência ao tipo amarelo claro brasileiro, mas os nativos de Gémeos podiam adquirir uma pedra incolor rara da Birmânia ou optar entre as pedras amarelas, castanhas, verde claras, esverdeadas ou verde garrafa, provenientes, entre outros lugares, da Birmânia, Madagáscar, Zimbabué, Rússia ou Sri Lanka.

O nome crisoberilo provém da palavra grega que significa «ouro». Possui um brilho superior, uma dureza de 8,5, contém os elementos metálicos alumínio e berílio e, por vezes, vestígios de ferro, todos ligados ao planeta Mercúrio. A sua densidade e elementos mais raros correspondem, todavia, a Úrano, planeta mutável desta área do zodíaco.

Primeira metade de Gémeos
(21 de Maio-5 de Junho)

Talismã: *ágata musgosa e dendritos*

Através dos tempos, os homens pensaram ter identificado, nas marcas da ágata musgosa e nos dendritos, espécies de musgo, folhas e plantas com indumento. Mas aquilo que os cientistas ainda há pouco rotulavam de fósseis, era o projecto da Natureza para a folhagem futura, pois estas duas pedras surgiram antes de a vegetação da Terra se ter começado a formar.

Sabe-se que a ágata musgosa e os dendritos são um mineral de quartzo que compreende grãos cristalinos amorfos impregnados de fluidos metálicos naturais, ricos em ferro e em manganés. As configurações entrecruzadas ocorrem quando substâncias aquosas se injectavam ou infiltravam na estrutura celular do quartzo. Os fluidos de ferro e manganés são vulgarmente chamados «terra verde» e formam-se no processo de arrefecimento da rocha vulcânica fundida. A ágata musgosa tem desenhos verde escuros e enegrecidos que imitam fetos e musgo, enquanto que os dendritos apresentam configurações de plantas e árvores vermelhas, castanhas ou pretas.

A variedade dendrítica foi originalmente encontrada perto de um porto de mar árabe, e a ágata muscosa foi descoberta na Índia Oriental, zona que ainda hoje fornece algumas das melhores espécies, incluindo um dos exemplos de maiores dimensões com mais de treze quilogramas e meio de peso. As Montanhas Rochosas da América possuem grande abundância de ágata musgosa, encontrando-se nos leitos dos rios material de belíssima qualidade.

Quando ainda se pensava que se tratava de uma pedra que incorporava fósseis, a ágata musgosa foi o principal talismã de lavradores e agricultores, sendo utilizada como auxiliar para descobrir água. Nessa altura estava colocada sob o domínio do planeta Vénus, tal como todos os minerais transparentes com inclusões semelhantes a fósseis, em homenagem a Vénus, deusa da fertilidade. Hoje, tanto a ágata musgosa como os dendritos são consideradas paralelos perfeitos do planeta Mercúrio (regente de Gémeos) e de Vénus (planeta mutável desta área do zodíaco), sobretudo o primeiro, dado que Mercúrio, queimado pelo Sol, apresenta uma vastíssima composição de elementos metálicos.

Outro talismã para os nativos da primeira metade de Gémeos é a uvarovite (granada), que varia, no que respeita a cor, entre o esmeralda transparente e o verde esmeralda escuro. Primitivamente um cristal de cálcio-ferro, a uvarovite é uma nova pedra preciosa formada pela Mãe-Natureza a partir de «rochas velhas» enterradas há séculos nas profundezas da crosta terrestre.

Segunda metade de Gémeos
(6 de Junho-21 de Junho)
Talismã: *jade do Transval*

Grossularia, palavra latina que designa «groselha», está na origem do nome próprio geológico do talismã dos nativos da segunda metade de Gémeos, mas a pedra preciosa é mais conhecida por jade do Transval.

Quem considerar as granadas pedras límpidas e vermelhas ficará surpreendido, pois o jade do Transval é uma granada opaca e, na sua melhor variedade, verde forte, mas simula o dia abrasador de Mercúrio, entrando em fluorescência com uma deslumbrante cor amarelo-alaranjado sob raios-X. Como todos os membros da família das granadas tiveram a sua origem há milhões de anos, sujeitas nas profundezas da Terra à vaporização e nova aglomeração levada a cabo pela actividade vulcânica, contém um pouco de quase todos os metais e resistem à erosão das condições atmosféricas. Mas em cada tipo de granada predominam um ou dois elementos metálicos e, no caso do jade do Transval, são os metais brancos, o cálcio e o alumínio. O crómio, metal branco e brilhante de interesse industrial, tem propriedades que concedem dureza ao ferro e ao aço, sendo este elemento responsável pela tonalidade verde do talismã. Uma versão rosa é colorida por manganés, metal cinzento-rosado que é também utilizado para endurecer o aço. O jade do Transval contém sempre algum ferro, mas algumas variedades são salpicadas de preto, para o que contribui um mineral magnético chamado magnetite.

Os exemplos menos resplandecentes do jade do Transval provêm da Birmânia, do Canadá e da Escócia, mas os mais brilhantes e de melhor qualidade ocorrem em África, onde se podem adquirir maravilhosas esculturas de figuras e bustos em jade, bem como eventuais peças de joalharia.

Mercúrio possui o maior núcleo metálico do sistema solar, e nesta área do zodíaco o planeta mutável dos nativos de Gémeos é Úrano, grande planeta verde profusamente dotado de elementos metálicos.

Variedades da família das granadas grossulárias transparentes constituem escolhas alternativas para os nativos de Gémeos deste grupo: por exemplo, o cristal verde a que o vanádio fornece a sua coloração, a variedade amarela, que entra em fluorescência cor de laranja e o tipo branco claro, uma bela gema mas difícil de obter.

Primeira metade de Gémeos
(21 de Maio-5 de Junho)

Rocha de cabeceira: *estaurolite*

O nome desta pedra deriva da palavra grega *staurus*, que significa «cruz» e é naturalmente cruciforme, com um notável teor de ferro que a torna obviamente compatível com o planeta Mercúrio e com uma resiliência que se ajusta a Vénus. A sua cor é geralmente o vermelho vibrante ou o castanho-acinzentado mas encontram-se, muito ocasionalmente, cristais de estaurolite transparentes que, quando lapidados e polidos, se assemelham a «granadas cor de vinho». Quando submetidas a testes laboratoriais algumas variedades da gema fundem-se, transformando-se sob tensão num atraente vidro negro – uma reconhecida característica da superfície do planeta Mercúrio.

Os antigos Bretões chamavam a estas gemas «pedras das fadas» e utilizavam-nas em ritos mágicos. Os cristãos primitivos conheciam-nas por «pedras da cruz» e usavam-nas como amuletos, ao passo que os mitos falam de «estrelas de estaurolite» que teriam caído dos céus.

Uma segunda rocha de cabeceira para os nativos de Gémeos é, neste caso, a verdite, que provém do Transval. Famosa pedra de fertilidade, era ministrada em pó por médicos feiticeiros a mulheres estéreis. Este membro brilhante, opaco e ornamental da família das serpentinas, distingue-se dos seus primos devido a um novo ingrediente – a mica de fuesite verde, muito utilizada na indústria eléctrica. Os elementos metálicos magnésio e ferro encontram-se geralmente presentes na verdite, que se apresenta fragmentada, o que a torna uma pedra adequada para ser esculpida. Leões, sapos, hipopótamos, corujas e toda a espécie de animais são produzidos pelos artesãos africanos e vendidos em modelos comerciais.

Segunda metade de Gémeos
(6 de Junho-21 de Junho)

Rocha de cabeceira: *rubelite e lepidolite*

Formada em condições pressurizadas excessivamente quentes, esta pequena iridiscência macia apresenta-se numa variedade de tonalidades – vermelho-rosa, violeta rosado, cinzento-violeta, lilás, cinzento e branco-amarelado, que deve a elementos metálicos industrialmente importantes: o lítio, utilizado nas baterias, na medicina e em cerâmica, é um deles; o outro, é o alumínio. Temos depois a mica, usada como isolador térmico, e, em último lugar, o potássio. A rubelite compreende muitos elementos metálicos e não-metálicos e, quando se encontra na qualidade preciosa, é um cristal muito apreciado. Os elementos metálicos existentes tanto na rubelite como na lepidolite asseguram a correspondência destes minerais com o planeta Mercúrio, ao passo que a sua densidade e teor de água fornecem a ligação com Úrano. Apresentam-se em pegmatites, que são veios de minerais mistos formados nas fases finais do arrefecimento vulcânico.

Uma segunda rocha de cabeceira para os nativos da segunda metade de Gémeos é o geode. Este produto mineral, proveniente de uma antiga bolha vulcânica, tem proporções arredondadas. O seu exterior é ágata sólida, e o centro embelezado por um rendilhado de cristal-de-rocha, ametista ou opala, conjunção originada pelos fluidos aquosos, ricos em minerais, que se infiltraram na cavidade deixada pela bolha que surgiu na lava quando estava em efervescência. O exterior da maior parte dos geodes é revestido por uma fina película de terra verde ou delessite originada por fluidos ricos em ferro e magnésio infiltrados nas fendas e gretas que não se encontravam preenchidas pelos minerais mais sólidos.

As lojas de rochas vendem geralmente os geodes às metades (em pares ou isolados), mas os nativos de Gémeos devem possuir as duas metades, uma vez que o seu emblema são os Gémeos. Alguns joalheiros criativos encastoam minigeodes em prata e ouro para serem usados como botões de punho, brincos, pingentes e alfinetes. As principais fontes de abastecimento de geodes são o Brasil, o México e a América do Sul. O planeta mutável da segunda metade de Gémeos (Úrano) equilibra o teor de água do geode.

Primeira metade de Caranguejo
(21 de Junho-6 de Julho)

Cristal precioso: *adulária*

Provavelmente a variedade mais preciosa da selenite (pedra-lunar) a adulária faz eco do explendor cor de pérola da Lua. Tem um brilho suave e luminescente, contrastando como o fulgor intenso de pedras mais preciosas. Quando lapidada em forma de cúpula, uma linha trémula de luz vagueia pela sua superfície dando a ilusão de se encontrar acima do cristal, em vez de proceder das finas partículas fibrosas do interior. Derivando o seu nome do local em que foi descoberta, Adula, na Suíça, a deslumbrante adulária é a versão mais pura da simples rocha conhecida por feldspato.

Julgava-se outrora que esta pedra preciosa cor de malva pálido possuía poderes medicinais que curavam a epilepsia, e era gradualmente considerada uma cura para as mulheres apaixonadas. Outra crença antiga era a de que, se se mantivesse uma adulária na boca, a memória seria estimulada. Trazia-se contas de adulária no bolso para atrair a boa sorte e as raças ciganas acreditavam que, durante o quarto minguante da Lua a adulária era a melhor pedra a utilizar para prever os acontecimentos futuros.

A selenite é sensível à pressão e forma-se a baixas temperaturas, pelo que se conjuga perfeitamente com o planeta mutável da primeira metade dos nativos de Caranguejo (Plutão) e com o seu satélite (Caronte), dado que se encontram ambos nos limites do sistema solar, enquanto que a sua composição se ajusta aos minerais mais ricos encontrados na nossa Lua, corpo regente dos Caranguejos. A Austrália, a Birmânia, o Brasil, a Índia, o Sri Lanka e a Tanzânia são as fontes mais importantes de adulária.

Outro cristal precioso para os nativos da primeira metade de Caranguejo é a escapolite olho de gato, que se apresenta, nos cambiantes românticos, entre o transparente e o translúcido, rosa-pérola, violeta, amarelo-rosado, amarelo e branco. Raramente lapidada como pedra preciosa uma vez que só foi descoberta em 1913 na Alta Birmânia, a escapolite contém alumínio, cálcio e sódio. Os dois últimos, sendo atraídos pela água, correlacionam-se com a Lua em virtude do seu efeito na água terrestre. O alumínio relaciona-se com a Lua porque se mantém inalterável comparativamente ao ar (elemento ausente nesse satélite). A escapolite olho de gato é sempre cortada em semicírculo e existe em Madagáscar e na Tasmânia, bem como nos países já mencionados.

Segunda metade de Caranguejo (7 de Julho-22 de Julho)

Pedra preciosa: *opala de água*

Da belíssima opala, escreveu extasiado Plínio o Velho: «É feita de todas as glórias das gemas mais preciosas, e descrevê-la é de uma inexprimível dificuldade». Mais ainda se poderia dizer da sua variante, a opala de água, em cujas profundezas cristalinas as cores dançam através do espectro. As suas colorações básicas de azul eléctrico e verde-relva misturam-se com reflexos violeta, por detrás das quais lampeja um carreiro rosado que faz lembrar fogueiras acesas no continente associado a esta pedra, isto é, a Austrália. O grego Onomácrito, escrevendo quatrocentos anos antes de Plínio concebia a opala como possuidora da ternura e aura do amor de uma linda criança. O mesmo se poderia dizer da opala de água.

Devido à sua combinação única de formato e tonalidade, uma opala não pode ser duplicada. Geologicamente, está classificada como quartzo, o mineral mais abundante do mundo e, com efeito, a opala e o quartzo formam-se juntos e a sua composição química é quase idêntica. Mas termina aqui a semelhança, pois o quartzo tem um carácter tridimensional enquanto a opala é um material vítreo composto de esferas tão pequenas que se tornam quase imperceptíveis à vista desarmada. Estas esferas ou células de sílica, devem ser de tamanho uniforme para que o resultado seja de primeira qualidade. No entanto, não são as esferas propriamente ditas que produzem o encanto único da opala, mas a refracção da luz sobre o material comprimido entre elas. A opala de água, de qualidade superior, provém de uma área do Sul da Austrália chamada Andamooka.

As opalas brancas mais raras apresentam, à superfície, algo que se assemelha a uma estrela suspensa. Este fenómeno, conhecido por asterismo, é originado por áreas de falha ou quebras no sistema de configuração regular das células. Como a opala contém mais água do que as outras gemas, contraindo-se e expandindo-se consequentemente segundo as alterações de temperatura, deve ser encastrada com grampos mais compridos do que qualquer outra pedra preciosa, quando não guardada por motivos de segurança. O seu elevado teor de água torna-a comparável à Lua e ao planeta mutável (Neptuno) que hoje se reconhece cientificamente ter a mesma densidade que a água.

Primeira metade de Caranguejo
(22 de Junho-6 de Julho)

Talismã: *pérola*

Os nativos do Caranguejo têm a sorte de poder reivindicar para seu talismã uma jóia com uma história tão longa, distinta e bem documentada. Há quatro mil anos foi registada num dicionário chinês uma palavra que designava «*pérola*». Encontraram-se cestos datando dos tempos ptolomaicos ainda com pérolas no seu interior. Em Bizâncio, as pérolas eram utilizadas para adornar crucifixos e livros de orações e, em certa ocasião, uma caixa que continha uma relíquia da Verdadeira Cruz; e figuravam de forma igualmente proeminente na história religiosa da Roma cristã. Os piratas escondiam-nas, nos Mares do Sul mergulha-se à sua procura e foram tidas em grande consideração por muitos reis e príncipes, entre os quais Henrique VIII e Isabel I da Inglaterra, bem como pela infortunada Lady Jane Grey, rainha por nove dias, que usou uma pérola em forma de gota numa cruz até à véspera da sua morte prematura. As pérolas têm sido de facto símbolo de distinção, tanto sagrada como profana. Não nos diz o Livro do Apocalipse que cada um dos portões da Cidade Celestial é coroada por uma pérola?

Formada na água, a pérola é um talismã adequado para os primeiros nativos de Caranguejo, cujo regente, a Lua, regula as águas da Terra, e tem também um paralelo com Caronte, principal satélite de Plutão, o corpo mutável destes nativos de Caranguejo. A madrepérola e as conchas de búzios são outros dois talismãs para as pessoas desta área do zodíaco.

Um verdadeiro talismã mineral para os nativos de Caranguejo (as pérolas, de formação orgânica, estão numa categoria diferente) é o quartzo róseo, cuja coloração se julga dever-se ao elemento metálico titânico que a Lua possui em grande abundância. Tal como ela, esta pedra reflecte a luz quase tão generosamente como a recebe. Em testes laboratoriais mostra vestígios de cal, água e manganés, todos eles elementos suaves, adequados ao mundo lunar. A sua cor rosa pode transformar-se em rosa pálido quando exposto ao calor, mas as cores anteriores serão restauradas se a pedra for mergulhada em água.

O quartzo rósea é menos comum do que a maior parte das outras variações de quartzo e só o de superior qualidade tem a necessária pureza preciosa. No reflexo da espécie mais bela e invulgar surge uma estrela de quatro pontas, que se move em redor da superfície de acordo com o jogo da luz. Baptizada com o nome quartzo róseo estrelado, é mais bonita quando lapidada em semicírculo, e diz-se que sonhar com ela traz a paz ao lar.

Segunda metade de Caranguejo
(7 de Julho-22 de Julho)

Talismã: *coral vermelho*

Os Gregos acreditavam que ninfas marinhas tinham roubado a cabeça cortada da Medusa e que as suas gotas de sangue estavam na origem do coral vermelho. Os Romanos pensavam que se os filhos usassem coral em redor do pescoço, estariam livres de perigo. Com efeito, alguns italianos ainda hoje usam coral para efeitos de protecção contra o mau-olhado. Também o aconselham como cura

Signo a signo e pedra a PEDRA

para as mulheres atingidas pela esterilidade. Os Gauleses ornamentavam as suas armas de guerra com os corais mais brilhantes e o coral era antigamente usado pelos mandarins chineses como insígnia da sua alta posição no serviço do governo.

Geologicamente falando, o talismã dos Caranguejos é uma substância dura constituída pelo calcário segregado por tribos inteiras de animais marinhos para se abrigarem. Um banco de coral não é mais do que uma massa destas estruturas de protecção, a réplica oceânica de um complexo habitacional.

Registado pela primeira vez em 1712 como uma planta que crescia no fundo do mar sem sementes nem flor, e embelezada com poros semelhantes a estrelas, esta pedra preciosa ainda hoje é oferecida a bebés recém-nascidos, tendo outrora sido considerada a cura por excelência para problemas de dentição e dores de barriga de crianças em fase de crescimento. Os astrólogos indianos tinham grande consideração por esta flor marinha, recomendando-a em todas as suas tonalidades a quem quer que se achasse amaldiçoado por um aspecto maléfico de Saturno. Também consideravam, erradamente, que o coral vermelho era a pedra apropriada para os nativos de Carneiro, quando de facto não é Marte mas sim a Lua que deve harmonizar-se com esta gema marinha de origem orgânica. Neptuno entra, todavia, também em linha de conta, exercendo a sua influência em virtude de ser o único planeta a ter a mesma densidade que a água.

Primeira metade de Caranguejo
(22 de Junho-6 de Julho)

Rocha de cabeceira: *aragonite* e *calcite*

Os minerais de cálcio, de fragilidade etérea, deveriam honrar a casa de um nativo da primeira metade de Caranguejo na qualidade de rocha de cabeceira, sendo a aragonite e a calcite da variedade terrestre formadas em leitos de lagos secos ou em fontes de água quente, as duas primeiras escolhas. Grande parte da calcite é originalmente aragonite, que se transforma em calcite sob pressão do seu próprio peso. O coral, por exemplo, é constituído por aragonite na parte superior e calcite na base. Pesando um pouco mais do que a calcite devido ao seu teor de água, a aragonite transforma-se em calcite ou desfaz-se quando exposta a uma chama quente.

Embora tanto a aragonite como a calcite sejam normalmente translúcidas, existe uma variedade absolutamente cristalina de calcite, nada espato-de-islândia, que, quando pousada sobre uma linha desenhada no papel, produzirá uma imagem dupla devido à divisão da luz em dois raios. Um tipo particularmente atraente de calcite é uma variedade luminosa, cor de neve e arboriforme, com ramos muitas vezes salpicados de fragmentos de ferro que dão origem a uma coloração rosada, embora desigual. Outras impurezas podem transmitir-lhe cambiantes cinzentos, azuis, verdes, violeta ou amarelos. A calcite cabeça de prego, outra variedade, assemelha-se a um molho de pregos como o nome sugere, e a calcite dente-de-cão, de formato igualmente óbvio, tem a aparência de dentes caninos. A calcite é a base do mármore, do giz e do calcário, e é um constituinte comum das conchas fósseis.

Outras rochas de cabeceira para os nativos de Caranguejo deste grupo incluem qualquer coral colorido ou até um aglomerado de lapas, que têm por vezes um leque de coral escondido numa cavidade.

A Lua é obviamente o regente celeste destes minerais formados em condições suaves de orientação marinha que se adaptam igualmente a Plutão.

Segunda metade de Caranguejo
(7 de Julho-22 de Julho)

Rocha de cabeceira: *rosa do deserto*

Temos de agradecer ao poeirento Saara a forma bela e encantadora desta flor do deserto, formada por efeito da infiltração da água salgada que se evapora de lagos quase secos. O movimento da água apanha grânulos de areia que sofreram a erosão do tempo, reveste-os de uma substância mineral e junta-os a grãos semelhantes que aderem uns aos outros formando pequeninas bolas de matéria que projectam finas asas ou saliências no exterior. À medida que a água infiltrada e as condições atmosféricas prosseguem a sua actividade, estes materiais agrupam-se, e o resultado é a rosa do deserto. Como é óbvio, esta pedra contém bastante água que se evapora sob a forma de calor quando — espanto dos espantos! — esta jóia de aparência poética se transforma em prosaico pó e se torna... gesso-de--Paris! O beduíno acreditava que a rosa do deserto se formava a partir das lágrimas das mulheres que choravam os guerreiros perdidos — mas isso foi há muito tempo. A rosa do deserto pertence à família do gesso e pode ser cinzenta, cor de camurça, avermelhada, amarelo clara e castanha.

Como bónus para os nativos da segunda metade de Caranguejo, uma rocha de cabeceira alternativa é outro cristal precioso chamado selenite, que é frágil e necessita por isso de especial atenção. A selenite é transparente, de coloração cinzenta, amarela ou acastanhada e sempre requintada. Tal como a rosa do deserto, não deve nunca ser lavada em água com sabão, que faz desaparecer o lustro e deixa uma película opalescente pouco atraente. Nenhum tipo de gesso deve ser mergulhado em líquidos. Em vez disso, se a pedra precisar realmente de ser limpa, deve ser esfregada com uma escova de maquilhagem sedosa ou lavada em água pura e rapidamente seca a seguir.

Uma outra rocha de cabeceira para esta área do zodíaco é o enidro, pedra vulgarmente conhecida por nódulo de água. Esta espantosa criação teve origem numa cavidade deixada por uma bolha vulcânica ou um molusco de concha em decomposição. A seu tempo este vácuo produziu uma crosta em forma de quartzo, conhecida por ágata e, dentro desta, num banho de água rica em minerais, cresceram os cristais-de-rocha. Se se cortar e remover parte do nódulo de água, a água pré-histórica pode ser observada agitando-se no seu esconderijo, e o seu peso sentido na mão. O Brasil e a costa oeste da América são os lugares onde se encontram mais nódulos de água.

Primeira metade de Leão
(23 de Julho-6 de Agosto)

Cristal precioso: *diamante amarelo*

Esta pedra pode ser lapidada em inúmeros estilos, desde o moderno «*brilhante*» redondo com 58 faces e a aparência de uma teia de aranha quando visto de cima, até à «rosa holandesa», de 25 faces. Esta pedra pode igualmente apresentar-se sob a forma de um simples «bruto», quer polido e reluzente no seu estado natural quer «salpicado» por outro mineral.

Um diamante é na realidade um cristal de carbono puro que se gerou nas profundezas da Terra há muitos milhares de anos. O carbono, deslocado do seu estrato por perturbações vulcânicas, misturou-se com rocha fundida e abriu caminho sob pressão ao longo de gretas e fissuras até à superfície da Terra. Depois, deve ter ocorrido posterior actividade vulcânica, repetindo-se todo o processo: deslocação, mistura, refundição e subida à superfície, formando de cada vez novos minerais. O carbono tornou-se um diamante e depositou-se numa mistura rochosa de solo chamada «terra azul», juntamente com granadas piropo, olivinas, flocos reluzentes de mica e outras gemas formadas sob igual pressão e calor.

Não admira que o diamante seja a substância mais dura que o homem conhece, com uma dureza máxima de dez equivalente ao número atribuído ao Sol. O seu nome deriva da palavra grega *adamas* que significa «invencível», a sua estrutura é ultracomplexa e a sua composição atómica mantém-se coesa por meio de ligações poderosas.

Esta pedra é apropriada como cristal precioso dos nativos da primeira metade do signo de Leão, porque Júpiter, influência mutável sobre o signo neste ponto, parece, quando visto da Terra, lançar uma luz amarela. Julga-se também existir um grau de radiação que emana de Júpiter, bem como do Sol (corpo galáctico regente de Leão), e o diamante amarelo, na opinião dos estudiosos das pedras preciosas, é provavelmente colorido por radiação.

Segunda metade de Leão
(7 de Agosto-22 de Agosto)

Cristal precioso: *diamante branco*

Esta gema sem defeito é por vezes designada «de primeira água», o que significa um diamante do tipo mais puro. Negociada pelos mercadores indianos no século IV, era por eles chamada «fragmento da eternidade», e da mitologia indiana provém a lenda do Koh-i--Noor, que chegou à humanidade na testa da criança Karna, filha do Sol e de uma princesa da família reinante. A lenda decretava que só um deus ou uma mulher estariam livres de punição como consequência de possuírem esta pedra, e a tragédia perseguiu com efeito «a Montanha da Luz», onde se encontrava guardada antes de ser apreendida e, em 1850, oferecida à Rainha Vitória. Desde então tem adornado a coroa real usada por três damas reais – a Rainha Alexandra, a Rainha Maria e a Rainha-mãe. Mas, o que é significativo, os últimos quatro reis da Grã-Bretanha optaram todos por *não* a usar, sendo possível que o seu terror ainda prevaleça. Actualmente, encontra-se na Torre de Londres.

Os antigos acreditavam que o diamante branco os protegeria do mal – quem quer que conspirasse contra o possuidor de tal gema veria os seus maus desígnios voltarem-se contra si. Para os nativos desditosos de Leão com tendências lunáticas, a cura tradicional era um elixir de água, álcool e pó de diamante – este, contudo, supõe-se ter originado a morte prematura do Imperador Frederico Segundo.

Esta pedra é bem escolhida porque o diamante é o cristal do próprio Sol e também porque o solo de Marte, planeta mutável desta área do zodíaco, está revestido por uma fina camada branca.

Primeira metade de Leão
(23 de Julho-6 de Agosto)

Talismã: *zircão*

Os Gregos amantes de gemas estavam tão fascinados por esta pedra que lhe deram o nome de uma das flores da sua preferência, o jacinto, enquanto os Persas lhe chamavam *zargun*, que significa «todas as tonalidades de amarelo». Durante séculos, nas profundezas das selvas cambojanas, onde surge grande parte das espécies mais encantadoras, os nativos tratavam termicamente o zircão castanho- -alaranjado mais prolífero até a sua cor mudar para um glorioso azul celeste, processo que ainda hoje é utilizado na Tailândia. Qualquer que seja a sua coloração, o brilho iguala muitas vezes o de um diamante. Para os católicos, esta pedra significava outrora humildade, ao passo que os hindus a associavam à árvore sagrada de kalpa. Na ciência antiga era considerada uma protecção contra o veneno. A sua atribuição ao signo de Leão surge através de Júpiter, corpo mutável para os nativos da primeira metade deste signo, com o qual se pensa ter em comum algumas propriedades científicas. Possui vários nomes, conforme a coloração. O zircão propriamente dito refere-se à cor verde; a variedade amarela é chamada jargão, a cor- de-laranja jacinto, a castanha malacão e a clara, ou branca, é matura, nome do local do famoso templo.

Em 1833 os geólogos descobriram uma pedra que se tornou um segundo talismã para os nativos da primeira parte do signo de Leão, a fenacite. Originalmente tomada por cristal-de-rocha, é mais dura e mais pesada do que esse mineral, com uma luz e um brilho que se aproxima dos do diamante. Derivando o seu nome de *phenas*, a palavra grega que designa «enganador», a fenacite apresenta-se em tonalidades de rosa pálido, amarelo vinho e branco límpido. Encontra- -se no Brasil, no México, na Namíbia, no Zimbabué, na Rússia, na América, na Suíça e na Tanzânia e contém o raro elemento berílio.

Segunda metade de Leão
(7 de Agosto-22 de Agosto)

Talismã: *heliodoro*

Para os nativos da segunda metade de leão, existe um talismã de heliodoro dourado proveniente do Sudoeste da África. Este cristal

O poder curativo dos CRISTAIS

pertence à família do berilo tal como a esmeralda e a água-marinha, mas nenhuma destas se poderia conjugar com o Sol, uma vez que só ele é considerado radioactivo pelos cientistas.

O heliodoro é concebido através de extrema pressão e temperaturas elevadas. Tem pouca densidade e um ponto de fusão invulgarmente alto. Pensa-se que a intensidade da sua coloração é causada pelo ferro, mesmo elemento metálico responsável pelo solo marciano cor--de-rosa ferruginoso (sendo Marte o planeta mutável para o segundo grupo dos nativos do Leão).

Outro talismã para este grupo é a belíssima esfena amarela ou verde. A luz branca e pura do Sol compreende todo o espectro do arco-íris e, em conformidade, a esfena contém titânio, um metal que empresta todo o espectro a outros metais quando aplicados como revestimento de superfície. O titânio é igualmente um metal de inultrapassável dureza e não derrete às mais elevadas temperaturas. Para o planeta mutável, a esfena contém ferro. Na qualidade preciosa possui luminosidade apropriada ao indivíduo regido pelo Sol, adequando-se simultaneamente à superfície branca e glacial de Marte. Se o seu joalheiro não lhe puder fornecer esta gloriosa gema, valerá talvez a pena fazer uma viagem à Suíça, à América, ao Brasil ou ao México, onde surge com maior frequência.

Primeira metade de Leão
(23 de Julho-6 de Agosto)

Rocha de cabeceira: *vanadinite*

Os nativos do primeiro grupo de Leão regidos pelo Sol, com Júpiter como globo mutável, têm este brilhante mineral vermelho-alaranjado ou deslumbrante castanho-amarelado como original rocha de cabeceira. Pertencente à família do chumbo, e rica em vanádio, um elemento metálico cinzento utilizado para reforçar o aço, a vanadinite compreende produtos químicos complexos invulgares e só começa a fundir-se sob temperaturas exageradamente altas.

O nosso Sol é uma fornalha celeste de radiação, e Júpiter, embora em menor grau, gera essa mesma energia. Quando o gelo que cobria como um manto o corpo de Io (principal lua de Júpiter) se derreteu, a sua água vaporizou-se no espaço e acabou por dar origem aos halos dourados potentes de radiação que ainda hoje continuam a coroá-la, enquanto a sua coloração vermelha e amarela resulta de vulcões activos. A Natureza apresenta a vanadinite em todas as colorações de âmbar, amarelo, vermelho-alaranjado e vermelho rubi, não havendo um só cambiante que não se harmonize quer com o soberano celeste quer com o corpo mutável. Gloriosamente belos, mais duros do que o aço e contendo por vezes diminutas quantidades de arsénico, os cristais de valnadinite crescem geralmente na rocha escura e batida pelo tempo, enchendo fendas e revestindo o exterior de cristais mais pequenos, de cor clara e com tonalidades alaranjadas.

Uma segunda rocha para os nativos da primeira metade de Leão é a moscovite, que contém mica. Encontra-se ocasionalmente um diamante nos locais onde se encontra mica porque se formaram em conjunto e migraram da terra mais profunda, percorrendo recantos e gretas até junto da superfície. A moscovite apresenta-se geralmente em lascas, contudo desenvolve-se por vezes em longos discos achatados semelhantes a uma fila de livros de capa prateada.

O nome da moscovite deriva de «Moscóvia» (antigo nome da Rússia) o que levou a que a mesma palavra fosse empregue para designar outros produtos resistentes à temperatura como portas e janelas de fornalha. Hoje, a moscovite é utilizada como isolador eléctrico e inúmeras outras coisas, incluindo a «neve» artificial do Natal. Este mineral reluzente com aspecto de pérola contém igualmente alumínio e ferro, emanando ambos os elementos do Sol. Colocada contra a luz, a moscovite exibe uma estrela de seis pontas e revela matizes translúcidos de cinzento, amarelo, acastanhado, verde e branco. Esta rocha de cabeceira dos nativos da primeira metade de Leão é um mineral abundante, sendo a América, o Canadá, a Índia e a Rússia os seus principais produtores.

Segunda metade de Leão
(7 de Agosto-22 de Agosto)

Rocha de cabeceira: *enxofre*

Conhecida desde os tempos bíblicos, esta rocha encontra-se habitualmente sobre uma rocha-mãe de cor escura e forma-se geralmente em cristais translúcidos semelhantes a caixinhas, algumas com vários centímetros de largura. Quando se segura um cristal de enxofre na palma da mão ele expande-se e, quando friccionado, produz uma carga negativa. Por vezes, o enxofre ocorre sob a forma de uma coluna, ou em pequeninos pedaços pulverulentos. Nem sempre é puro, e a inclusão de produtos químicos dará ao mineral, basicamente amarelo, tonalidades esverdeadas ou cor de âmbar quando iluminado por detrás. Um ninho de cristais de enxofre torna-se uma estupenda massa luminosa, um extraordinário centro de interesse para a casa de qualquer nativo de Leão.

Homero refere-se ao enxofre como incenso, provavelmente devido a uma confusão com o enxofre de queimar que se obtém derretendo e lançando formas não refinadas de enxofre em moldes estreitos que, ao arder, produzem uma chama azul. O enxofre de queimar foi empregue durante muitos séculos como agente purificante de doenças, para limpar uma habitação infestada de parasitas, e na esperança de afastar os demónios. Era igualmente aplicado em mordeduras de insectos.

Hoje, o enxofre é um dos principais constituintes da pólvora, fósforos, fogos de artifício, fertilizantes e fungicidas e tem uma produção anual de mais de 24 milhões de toneladas no mundo inteiro. A América (só um dos Estados produz três milhões de toneladas por ano), o Canadá, a França, a Itália, o Japão, o México e a Rússia são alguns dos fornecedores. À semelhança do Sol, o enxofre forma-se através de reacções químicas com base no hidrogénio e em conjunção com Marte (o planeta mutável neste caso).

Outras rochas de cabeceira para os nativos da segunda metade do signo de Leão são as pedras conhecidas por «bombas vulcânicas». Estas assemelham-se a pequenas pêras enegrecidas e embora não sejam muito bonitas são decerto fascinantes. Medindo apenas alguns milímetros de diâmetro, as bombas vulcânicas têm a sua origem em rochas fundidas jorradas de vulcões. Enquanto ainda estão fluidas (ou plásticas) estas bolinhas giram ao ser arremessadas, e vão-se gradualmente solidificando em minerais sólidos fusiformes.

**Primeira metade de Virgem
(23 de Agosto-6 de Setembro)**

Pedra preciosa: *opala negra*

Até há pouco tempo as únicas opalas negras do mundo provinham de uma área de nove milhas quadradas na Nova Gales do Sul, na Austrália, chamada Lightning Ridge. Descobriram-se depois pedras de qualidade superior na Indonésia, onde custam menos porque o seu mercado potencial não é tão entendido. Ambas as origens possuem uma opala seminegra, mas a negra proveniente de Java, com o seu «fogo» cintilante iridiscente – uma gama de cores que abrange todo o espectro e se situa contra um pano de fundo negro de azeviche – é uma gema particularmente atraente e mais do que adequada para esta área do zodíaco.

O subtil amontoar de um gel mineral anteriormente líquido para formar camadas de células esféricas e uniformes, explica a profundidade e vitalidade desta sofisticada gema, com o seu espectro de cores formado por uma refracção de luz branca.

As únicas opalas negras da história são aquelas pelas quais os Romanos experimentavam um desejo insaciável. Vinham da Hungria e hoje julga-se ter-se tratado de opalas brancas de fraca qualidade, artificialmente coloridas por açúcar ou mel queimados no seu interior. É importante que os nativos de Virgem compreendam que uma opala negra sólida de calibre superior não quer dizer uma dupla ou tripla, por mais bonitas que estas possam ser. A «tripla» é um segmento fino de opala colada a um fundo escuro e encimada por uma cúpula transparente. A «dupla» é semelhante, com excepção da coroa límpida, embora em casos raros possa tratar-se de um segmento de opala encimada por outro material mais cristalino, ou por uma dupla natural da variedade de geode.

Os antigos acreditavam que a opala era a ponte mineral entre o céu e a Terra, razão pela qual lhe chamavam por vezes «o olho do Universo». Mais significativamente ainda era, e é, a designação de «pedra da esperança».

Segunda metade de Virgem
(7 de Setembro-22 de Setembro)

Cristal precioso: *iolita*

Este cristal, composto por dois elementos metálicos brancos e dois pretos, corresponde ao lado escuro de Mercúrio que a astrologia popular diz reger a personalidade de Virgem, e também o lado descolorado pelo sol desse planeta.

Derivando o seu nome da palavra grega que significa «violeta», as diferentes colorações da iolita quando observada de diferentes ângulos também lhe valeram uma alcunha — «dicróica». A maior parte da iolita de qualidade surge em cavidades vazias, originalmente feitas por bolhas de gás em correntes de lava incandescente. Em harmonia com a posição extraordinariamente quente de Mercúrio e com o seu planeta mutável (Vénus), a iolita forma-se sob pressão e a temperaturas elevadas, em que o vapor concentrado e os raros produtos químicos metálicos abrem caminho através da lava já em arrefecimento até ao último estágio de solidificação da massa central. Aí, em espaços vazios, uma parte do líquido rico em minerais endurece, dando origem a grandes e perfeitos cristais de iolita que contêm várias misturas de magnésio, alumínio, ferro e manganés.

Outrora a iolita foi conhecida por «safira de água». É o ferro que lhe confere a sua tonalidade violeta-azulada predominante, embora espécies invulgarmente belas do Sri Lanka exibam interessantes cambiantes vermelhos, causados pela inclusão de escamas minerais dentro do corpo da pedra, que recebe então o nome de iolita sanguínea.

A granada alamandina, por vezes chamada carbúnculo quando cortada em semicírculo, é outro cristal precioso para os nativos da segunda metade de Virgem. Todas as granadas têm a mesma composição básica, são formadas a temperaturas elevadas e ricas em metais, embora estes alterem em cada variedade. A alamandina é predominantemente uma composição de ferro/alumínio e, quando lapidada como um carbúnculo, o membro mais famoso da família das granadas. Os Gregos da Antiguidade, mestres na roda e na arte de lapidar, obtinham bons resultados com esta pedra, e a sua arte sobrevive num carbúnculo gravado por volta de meados do século VI a.C. Na sua superfície, gravada em pormenor, um homem de barrete, vestindo uma capa e sentado numa rocha, oferece uma taça a uma águia tão grande como ele. Uma árvore arqueada e cheia de folhas rodeia ambos, e uma outra linha designa a terra plana.

Os cruzados usavam carbúnculos como agente protector contra as feridas das batalhas. Tal como os «diamantes de trabalho» são utilizados na manufactura de máquinas, granadas imperfeitas são encontradas em pedras utilizadas como blocos de pedra para construção.

Outra granada vermelha do signo da Virgem, chamada rubi do Arizona ou rubi do Novo México, era outrora recolhido pelos índios Navajo em formigueiros e ninhos de escorpiões.

Primeira metade de Virgem
(23 de Agosto-6 de Setembro)

Talismã: *labradorite*

Devido à presença neste mineral de inúmeras e minúsculas placas de ferro, a labradorite rebrilha em tons iridiscentes de azul brilhante, verde, dourado e amarelo-esverdeado. Por vezes, uma espécie vermelho-rosa ou púrpura espreita timidamente do seu esconderijo. Como as asas de uma libelinha e com verdadeira celeridade mercuriana as cores aparecem e depois desaparecem, sendo este efeito óptico conseguido, essencialmente, por interferência da luz na estrutura física da labradorite.

A coloração de fundo deste mineral, que constitui a variedade mais bela de feldspato (palavra que vem do sueco e significa rocha do campo), é muitas vezes cinzenta escura, sendo o tipo mais etéreo cinzento pálido transparente, mas seja qual for a versão na qual a labradorite se apresenta, é regida por Mercúrio (como as pessoas desta área do zodíaco) com tons suaves saturninos, sendo Saturno o planeta mutável para os nativos da primeira metade de Virgem.

Utilizado em todas as épocas em camafeus e esculturas, a labradorite é hoje cortada, na sua maior parte, em superfícies lisas para ser aplicada em anéis ou em formas circulares destinadas ao fabrico de contas. Mas nada agrada tanto aos apreciadores deste mineral como uma simples fiada de pedras naturais de labradorite furadas e dispostas do acaso. Há que mencionar aqui que uma variedade cristalina pura de labradorite foi recentemente encontrada na Austrália, mas carece de toda a beleza e fascínio da pedra de qualidade não preciosa.

O mausoléu construído em Moscovo nos anos 30 para acolher o corpo de Lenine é feito de granito vermelho ucraniano e de labradorite — toneladas dela, provavelmente proveniente de poços dos Urais. A pedra propriamente dita tem o nome do país em que foi descoberta pela primeira vez, o Labrador. •

Outro talismã adequado aos nativos da primeira metade da Virgem é a granada espessartine. Os joalheiros empregam cinco membros desta família no decurso do seu trabalho, o que corresponde ao número (5) atribuído ao planeta Mercúrio pela ciência da numerologia. A sua dureza e constituintes metálicos tornam-na decididamente um talismã para os nativos de Virgem. Aparece na América, no Brasil, na África e no Sri Lanka.

Segunda metade de Virgem
(7 de Setembro-22 de Setembro)

Talismã: *olho de tigre*

Assemelhando-se ao olho reluzente de um tigre à noite, esta pedra possui uma faixa dourada de luz que se estende a todo o comprimento da sua superfície curvada e polida, conferindo-lhe um lustro inconstante. Modelada em contas, apresenta listas suavemente coloridas, sedosas e paralelas ao longo das suas faixas aveludadas de coloração mais escuras, rodando e invertendo a ordem da cor a cada movimento. Uma combinação iridiscente de castanho-amarelado e castanho-chocolate é o cambiante geralmente associado ao talismã da Virgem;

no entanto, o olho de tigre pode exibir vários tons de verde juntamente com o vermelho-bronze, como pode ter linhas de cor de limão misturadas com azul escuro.

O seu nome geológico é crocidolite, que também designa o mineral fibroso amianto que, infiltrando-se no seu corpo básico de quartzo, lhe pode atribuir um matiz azul-anil. Menos fascinante, a crocidolite é utilizada para calços de travão, tampas de caldeiras, tecidos à prova de fogo e isolamentos. Aí reside a correspondência com Mercúrio (o planeta regente dos nativos de Virgem) e Vénus (corpo mutável). Por processos naturais na crosta terrestre, a crocidolite muda de composição (não de forma) e assume geralmente uma coloração castanho-amarelada, o que a torna o olho de tigre amarelo mais frequente, mas por vezes atinge-se uma marca característica no processo de mudança e uma porção residual do produto original azul produz o olho de tigre verde ou «zebra» para o comércio. Se não houve alteração na crocidolite, a pedra preciosa mantém-se azul escura e é então denominada «olho de falcão». O olho de tigre vermelho é uma questão totalmente diferente, visto que este cambiante provém de um reaquecimento, que pode acontecer naturalmente na terra ou artificialmente pela mão do homem. O olho de tigre contém vestígios de ferro e os antigos pensavam que protegia do mau-olhado.

A lava vesuviana de coloração azul dificilmente pode ser chamada uma gema, mas é por certo um segundo talismã genuíno para os nativos do segundo grupo da Virgem. Este esmalte transparente natural tem um aspecto ainda mais atraente quando modelado e polido. Quando ocorrem erupções vulcânicas, elas ocasionam a fusão de minerais e, depois de a massa derretida ter assentado, algumas áreas brilham como uma miríade de cristais, enquanto que outras são baças. A maior parte da lava não é trabalhável pelo homem, mas a variedade vesuviana possui grande parte das qualidades essencialmente necessárias aos artesãos, mais uma coloração espantosa e uma história conhecida.

**Primeira metade de Virgem
(23 de Agosto-6 de Setembro)**

Rocha de cabeceira: *hematite especular*

Esta pedra negra reluzente constitui um dos principais minérios de ferro, que se harmoniza com o enorme núcleo metálico e composição rochosa de Mercúrio, enquanto a sua cor a liga a Saturno (globo mutável desta área do zodíaco).

A hematite é um mineral abundante que se gera com frequência em pequenos cristais em torno dos quais outros minerais acabam eventualmente por crescer e agregar-se. Noutras ocasiões, salpica um mineral separado já desenvolvido. Seja como for, actua então como agente corante sobre materiais apagados. Embora a sua própria tonalidade seja cinzenta escura, se for entalhado num azulejo de cerâmica a faixa daí resultante é vermelha, a que se deve o seu nome alternativo (mas raramente usado) de almagre (*bloodstone*, em inglês).

A hematite pode formar um clarão de radiância cristalina, ou apresentar-se em placas finas agrupadas em rosetas nas espécies oriundas das áreas alpinas. O tipo de hematite utilizado em joalharia desenvolve uma estrutura bulbosa em forma de rim conhecida por hematite reniforme (*kidney ore*). Camafeus, contas, anéis e botões de punho são imprescindíveis para os amantes da moda.

Uma segunda rocha de cabeceira para os nativos de Virgem é a magnetite, outro importante minério de ferro. Também este é um abundante mineral de alta temperatura que, quando se apresenta em filões de sulfureto, é geralmente magnético, sendo outrora utilizado no fabrico das primitivas bússolas, quando se colocavam lascas do mineral em baldes de água pintando-as de modo a assinalar os quatro pontos cardeais, norte, sul, este e oeste. Por esta razão os marinheiros utilizavam cruzes de ferro como talismã. Embora esta forma de magnetite guiasse muitos navios a porto seguro, lemos nas «Mil e Uma Noites» que as tábuas dos navios que passavam era arrancadas dos galeões pela força da atracção que as montanhas de magnetite exercem nos pregos!

A magnetite é vulgarmente chamada «pedra-íman» e as suas qualidades magnéticas são extensivamente utilizadas na indústria e para atingir a polaridade em medicinas alternativas. Deste mineral disse um dia um estudioso: «Ao ser transportada connosco, a pedra-íman deve ser envolvida em tecido vermelho e guardada em lugar seco de forma a reter a sua virtude de curar as cãibras e a gota. A pedra-íman confere igualmente vivacidade de espírito na conversação».

A magnetite apresenta-se frequentemente num pedaço escuro e informe, mas por vezes acrescenta beleza à ametista violeta, ao cristal de rocha e à mica. Ocasionalmente, o teor de ferro da magnetite ou parte dele é substituído por magnésio, alumínio e crómio, mas não deixa de ser um mineral que se harmoniza com os nativos de Virgem, uma vez que todos os elementos de substituição são metálicos e adequados a um planeta regente que entrou em ebulição por acção solar. A magnetite tem uma dureza de 5 que é o número de Mercúrio.

Segunda metade de Virgem
(7 de Setembro-22 de Setembro)
Rocha de cabeceira: *meteorito*

Correspondendo à densa superfície de Mercúrio queimada pelo Sol, um meteorito possui uma crosta dura na qual muitos produtos químicos foram fundidos e solidificados pelo calor e pressão. A ciência categoriza-os como «díticos», «dítico-ferruginosos» e de ferro. A rocha de cabeceira dos nativos do segundo grupo de Virgem consiste, pois, nos detritos de uma grande massa de matéria primitiva proveniente do sistema solar que geralmente se julga ter origem na cintura de asteróides existente entre Marte e Júpiter. Quando lançado para fora da sua órbita, o material teria sido automaticamente atraído para o Sol por intermédio da gravitação, e por acaso ou atracção atingiu a nossa atmosfera, onde foi aquecido ao rubro-branco e regra geral explodindo. Os fragmentos que atingem a Terra são conhecidos pelo nome de meteoritos.

Encontrou-se uma adaga esculpida a partir da rocha de cabeceira dos nativos de Virgem no túmulo de Tutankamon; e, há alguns anos, também no Egipto, um meteorito de ferro matou um cão. Contudo, na generalidade, estes objectos têm causado poucos danos. Com efeito, a maior parte deles são tão pequenos que nunca são encontrados.

Outra rocha de cabeceira para os nativos de Virgem deste grupo é a obsidiana, registando, mais uma vez de forma adequada, uma dureza de valor cinco. Com efeito, a obsidiana não é, rigorosamente falando, um mineral, mas vidro natural outrora expelido por um vulcão em erupção. Da preferência das antigas culturas mexicanas, este material, geralmente de cor preta, contém marcas brancas e cinzentas que deram origem a nomes apropriadamente descritivos como «floco-de-neve», «floração» e «lágrimas apache». Outra variedade, chamada «mogno-da-montanha», apresenta faixas vermelho-alaranjado e castanhas, originadas por cavidades presentes na sua formação.

O poder curativo dos CRISTAIS _____

Os Mexicanos pensavam que estas faixas coloridas neutralizavam a magia negativa.

A obsidiana verde é igualmente apropriada aos filhos de Mercúrio.

Primeira metade de Balança
(23 de Setembro-7 de Outubro)
Cristal precioso: *espinela*

Este camaleão entre as jóias tem uma gama de colorações mais vasta do que qualquer outra variedade, e é mais rara do que o rubi ou a safira encontrando-se com frequência juntos. Mas, ao contrário deles, caiu no desagrado geral há cerca de um século por uma variedade de razões, todas elas injustas. Até essa altura, a sua história era deslumbrante. O Príncipe Negro usou uma espinela na Batalha de Crécy. Essa mesma gema brilha ao lado do segundo maior diamante do mundo na coroa de Estado inglesa. A família real britânica possui também uma espinela por lapidar conhecida por rubi-de-Timor – uma pedra única pelo facto de os seis proprietários anteriores terem gravado nela o seu nome. Mais romântico e triste foi o facto de uma espinela luzir no topo da bela coroa da última czarina.

As espinelas apresentam-se em diversas cores, e para os nativos da primeira metade de Balança as melhores são, por ordem decrescente: a variedade branca cristalina ou transparente; a azul, que contém zinco; e a verde escura conhecida por ceilonite, que contém ferro e vestígios de crómio. Esta última tem preferência sobre todas as outras porque se harmoniza não só com o planeta Vénus, regente de Balança, como também com Úrano, planeta mutável.

Compostas dos elementos metálicos magnésio e alumínio, as espinelas de diferentes variedade provêm do Afeganistão, Birmânia, Sri Lanka e Tailândia. A dureza da gema é considerável, sendo de 7,5 a 8.

Como segundo cristal precioso, os nativos de Balança desta área devem escolher um topázio-branco. Formando-se em rochas de indução ácida, esta gema encontra-se normalmente na Austrália, no Brasil, no Japão, no Zimbabué e nos Urais.

Um terceiro cristal de grande beleza é a cianite, a mais pura de todas as formas de rocha de cabeceira adoptada para os nativos de Balança.

Segunda metade de Balança
(8 de Outubro-22 de Outubro)

Cristal precioso: *safira azul*

Da Idade Média em diante, o nome grego *sapphirus*, que significa «azul», passou a designar a safira azul, um cristal de qualidade preciosa que pertence à variedade do corindo. Deste então, todas as colorações excepto a vermelha e a cor de laranja são designadas safiras, mas quando empregamos esse termo referimo-nos geralmente à azul e é esse o cristal precioso para os nativos da segunda metade de Balança.

A composição básica da safira é o alumínio, e os pigmentos que lhe dão a sua coloração são o ferro e o titânio. É uma gema dura do nono termo, não é atacada pelos ácidos e mantém-se sólida mesmo quando exposta a temperaturas elevadas. É um digno parceiro mineral terrestre dos mundos metálicos de Vénus (planeta regente) e Mercúrio (mutável), ambos expostos ao calor inimaginável do seu vizinho mais próximo, o Sol. Atribui-se à Balança as colorações azuis, dado que a maior parte dos astrólogos concorda em que os nativos deste signo são influenciados pelas noites dos seus monarcas celestes, mas estes indivíduos podem escolher um dos cambiantes azuis--acastanhados ou azuis-esverdeados.

De todas as colorações da safira azul, a cor de centáurea, com a sua translucidez aveludada, é provavelmente a mais desejada, bem como a mais rara. Designada «safira-de-Caxemira», surge na Birmânia e no Sri Lanka, mas provinha anteriormente da região montanhosa de Caxemira, na Índia, depósito infelizmente hoje esgotado. Os nativos de Balança que não conseguirem obter a variedade de Caxemira ou a considerarem acima das suas posses devem observar a safira-estrelada. Talvez descubram que são capazes de esquecer a de Caxemira quando observarem, fascinados, a efígie do seu planeta regente reflectida nesta maravilhosa estrela de seis pontas.

Uma bela safira-estrelada é fácil de definir. Deve ter boa cor (embora as astérias sejam geralmente mais pálidas do que os cristais límpidos) e ter a estrela bem centrada na pedra, com raios fortes e direitos. «A Estrela da Índia», com 536 carates, é a maior pedra azul lapidada que existe, enquanto que a maior safira estrelada negra é a «Estrela da Meia-Noite» com 116 carates de peso. A hipnótica astéria de corpo negro também é adequada a esta área do zodíaco. Surge principalmente na Austrália.

Ao contrário das outras safiras (que são facetadas), a estrelada deve ser cortada em cabochão para poder exibir em pleno a sua estrela de seis pontas, por vezes causada por inclusões de rutilo (cristais aculeiformes) que se espalham em três direcções cruzando-se num ponto comum. O rutilo é um mineral separado que o cristal da safira em crescimento incluiu ao desenvolver-se. Em conjunção com Vénus e Mercúrio, o rutilo é empregue na indústria como fonte de titânio.

A silimanite também se adequa aos nativos da segunda metade de Balança, uma vez que se gera frequentemente a temperaturas elevadas, o que a torna invulgarmente resistente aos produtos químicos, ao calor e à tensão. O cristal de silimanite mais adequado parece ser, à primeira vista, azul-violeta, mas observado de um ângulo diferente, a sua cor altera para um suave cinzento-amarelado.

Primeira metade de Balança (23 de Setembro-7 de Outubro)

Talismã: *dioptase*

Das minas de diamante de Tsumeb na Namíbia, e das zonas de oxidação de depósitos de cobre, provém um reluzente amontoado de cristais verdes hipnóticos mais vibrantes do que qualquer esmeralda. Trata-se da dioptase. Mas, não obstante equiparar-se ao brilho da luz de Vénus, seu planeta regente visto da Terra, esta gema transparente não surgiu ainda na forma adequada à lapidação. A fragilidade que lhe é inerente, tem-na desclassificado até à data, mas fabricam-se pingentes, brincos, botões de punho e braceletes deixando a cintilante dioptase no seu estado original não lapidado e colocando, por meios eléctricos ou não, metal nos lados e na base. O resultado assemelha-se a uma colina de ouro ou prata de sonhos élficos. A dioptase harmoniza-se a esta área do zodíaco, uma vez que é rica em cobre e se encontra geralmente em associação com o enxofre, um dos principais constituintes da chuva venusiana. Corresponde a Úrano, planeta mutável para os nativos da primeira metade de Balança, por causa da sua cor.

Um belo segundo talismã para os nativos da primeira metade de Balança é a tsavorite. Pertencente à família das granadas, esta nova pedra preciosa transparente, que vai do verde-esmeralda ao verde-amarelado, foi encontrada no Quénia e introduzida no mercado em 1974. Pode suportar grande calor e pressão.

Segunda metade de Balança
(8 de Outubro-22 de Outubro)

Talismã: *jadeíte imperial verde*

O verde é um dos matizes mais procurados do apreciado mineral jadeíte, sendo também um dos mais difíceis de encontrar. Existem muitas outras cores – branco, vermelho, cor-de-ferrugem, amarelo e todos os cambiantes do violeta – mas o verde-esmeralda é o escolhido para esta área do zodíaco porque essa coloração se deve ao crómio, que adicionado ao ferro e ao aço dá dureza e tenacidade, qualidades necessárias para que um mineral terrestre se harmonize quer com Vénus (planeta regente), quer com o corpo mutável, Mercúrio.

Os Chineses chamam à jadeíte «Yu Shih», que significa a pedra Yu. Acreditam que contém as cinco virtudes necessárias a uma existência feliz e civilizada: caridade, coragem, modéstia, justiça e sabedoria. Em tempos passados o imperador chinês usava sandálias de jadeíte e os seus funcionários possuíam insígnias do mesmo material. Grandes seixos de jadeíte incrustados em argila cor-de-laranja são ainda hoje retirados por meio de calor. Depois de serem separados com cinzéis, são então lapidados com finas serras de aço seguras em arcos de bambu.

Primeira metade de Balança
(23 de Setembro-7 de Outubro)
Rocha de cabeceira: *cianite*

Formada em circunstâncias tensas e contendo alumínio, a cianite é um exemplo perfeito de elegância simétrica e constitui a rocha de cabeceira atribuída aos nativos da primeira metade de Balança. Lembrando de um modo geral um céu azul-acinzentado, as suas lâminas planas finamente estriadas prolongam-se até onde os seus produtos químicos o permitem, com uma suave luminosidade que reluz das suas profundezas azuis-acinzentadas exibindo brilhos de um branco desigual, verde baço e cor de mostarda.

A cianite apresenta-se também em rosetas, que exibem igualmente um lustro aveludado e matizes atraentes. Possui uma resistência notável ao calor, e é quase completamente imune às forças de outros químicos (como os ácidos). Quando aquecida a 1300 graus centígrados, decompõe-se no produto alumínico conhecido por mulite e também em vidro rico em sílica.

Corresponde às características opostas de Vénus e Úrano com contradições próprias. Vénus gira próximo do Sol e é um planeta tórrido, enquanto o gélido Úrano se move lentamente nos limites do sistema solar. A cianite possui igualmente um carácter tipo Jekyll e Hyde, sendo muito mais macia no sentido do comprimento do que no da largura. Os Gregos deram por isso e chamaram à pedra *Distbene*, que quer dizer «força dual». O nome propriamente dito vem de outra palavra grega e refere-se à sua cor global, isto é, «azul». Consegue-se hoje obter em quase todos os países sob forma de rocha, sendo S. Gothard (Suíça) e o Arizona as localidades que fornecem as gemas mais preciosas que os nativos de Balança poderiam eventualmente usar como pedra preciosa.

A Natureza levou o seu tempo a formar a vavelite, outra rocha de cabeceira para os nativos da primeira metade de Balança. A melhor maneira de descrever este mineral que contém alumínio e ferro será dizer que se assemelha a agulhas brancas e amarelo-acastanhadas com faces estriadas, curtas ou longas. Mas a vavelite desenvolve-se mais vulgarmente em massas de fibras irradiantes partindo do mesmo ponto comum e expandindo-se para o exterior formando esferas achatadas que chegam a alcançar cerca de 13 milímetros e parecem seda enrolada firmemente em volta de um pedaço de cartão circular. Existe na Cornualha, em Inglaterra, e em Holy Springs, na Pensilvânia.

Segunda metade de Balança
(8 de Outubro-22 de Outubro)

Rocha de cabeceira: *adamite* e *limonite*

A adamite é um mineral translúcido de cobre, zinco e cobalto. Semelhante ao níquel sob muitos aspectos, o cobalto é um metal branco-prateado utilizado para fazer um pigmento para tintas azul forte. O cobre é uma das principais substâncias metálicas utilizadas nas indústrias eléctricas e farmacêuticas, e o zinco é empregue em muitos campos necessários ao conforto e prazer do homem, entre eles a tinturaria.

A limonite é uma pedra que contém muito ferro, resultado de outros minerais de ferro que foram alterados pelas condições atmosféricas. Ou se forma em estruturas semelhantes a sincelos, com o formato de esferas esmagadas, ou em longos pedaços achatados e estriados. A maior parte das vezes estas ocorrências são brilhantes, mas também podem ser baças. Encantadoras espécies de adamite e limonite provêm de Mopimi, no México, da Carnualha, na Inglaterra e da Saxónia, Rússia e América.

Os nativos da segunda metade de Balança podem usar também, como rocha de cabeceira, a ilmenite, para lhes proporcionar bem-estar espiritual. É geralmente acetinada, contém ferro e por vezes outros elementos metálicos, sendo uma importante fonte de titânio. Apresenta-se em lascas e grãos, em largos cristais achatados ou num pedaço informe. As areias de praia mais pesadas contêm com frequência o tipo granular, nomeadamente em Travencore, uma praia de quase trinta quilómetros de extensão na Índia, e na Austrália e América. Os depósitos do interior encontram-se na Noruega e no Quebeque, podendo os nativos do segundo grupo de Balança que tiverem sentido de humor possuir um pequeno recipiente de areia negra como rocha de cabeceira.

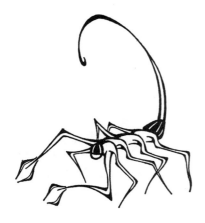

Primeira metade de Escorpião
(23 de Outubro-6 de Novembro)

Cristal precioso: *rubi*

No princípio, segundo uma antiga lenda birmanesa, havia uma grande serpente que pôs três ovos. O primeiro deu origem ao Rei de Pagan, o segundo ao Imperador da China e o terceiro a uma semente milagrosa que produzia rubis birmaneses. Pensava-se que estes últimos garantiam a invencibilidade na batalha se o possuidor da pedra a inserisse na carne. Os Cingaleses mantinham idêntica crença no rubi como gema protectora julgando que se formara a partir das lágrimas de Buda. Na Bíblia, um rubi é colocado por ordem de Deus sobre a garganta de Aarão, irmão mais velho de Moisés, sendo designado a mais preciosa das doze gemas criadas. No século XIV julgava-se que o rubi devia ser usado do lado esquerdo para assegurar as suas propriedades protectoras, que incluíam tornar-se preto para avisar a pessoa que o usava de um perigo iminente, e voltando a ganhar a sua tonalidade vibrante quando ela se encontrasse livre de perigo. Conta-se que um rubi de grande valor usado por Catarina de Aragão, primeira mulher de Henrique VIII, teria perdido o lustro e brilho interior quando ela se encontrava no seu leito de morte, em 1536.

Os rubis de primeira qualidade, geralmente conhecidos por «sangue-de-pombo», trazem uma etiqueta tão pesada a indicar o preço que seria capaz de arrastar um diamante comparável até ao fundo do oceano. As fontes mais importantes são a Birmânia, o Sri Lanka, a Tanzânia e a Tailândia, encontrando-se o melhor depósito no Vale Mogok da Alta Birmânia. Durante séculos, mulheres e crianças têm rastejado ao longo dos estreitos poços e túneis existentes neste vale a vários metros de profundidade, para deles extraírem espécies que, quando escolhidas, contêm apenas um por cento de qualidade preciosa. As pedras grandes são raras, mas o trabalho compensa porque se obtém igualmente uma porção de pedras de «sangue-de--pombo» de primeira, de um vermelho rico com laivos de azul. O Sri Lanka produz uma gema menos valiosa mas ainda assim atraente, com tonalidades que vão do encarnado ao framboesa, algumas das quais podem ser encontradas bateando as areias e cascalho dos rios. Os rubis recentemente encontrados na Tanzânia apresentam uma tonalidade característica que vai do púrpura ao vermelho--acastanhado, enquanto os da Tailândia sempre foram desta cor. Os depósitos de rubis estão espalhados pelo mundo, mas muitos são impróprios para a joalharia, por serem opacos ou de cor pobre. Estes são reduzidos a pó e transformados num abrasivo industrialmente importante conhecido por esmeril.

A variedade do mineral corindo, a que o rubi pertence, é o material mais duro que existe a seguir ao diamante. Esta dureza sublinha a correspondência do rubi com o planeta Neptuno, massa mutável para esta área do zodíaco, rica em diamantes, como vimos. O rubi corresponde a Plutão e a Marte pela alteração de cor de vermelho para verde quando se aplicam certos testes laboratoriais, e pelo facto de conter crómio e ferro (responsáveis pelas suas colorações) e muito alumínio na sua fórmula básica. A dureza do rubi, 9 na escala, corresponde ao número de Marte.

O nome do rubi deriva do latim *rubens*, que significa «vermelho». As inclusões estranhas num rubi não lhe diminuem o valor, em primeiro lugar porque indicam a área que constitui a sua fonte, e em segundo, porque o matiz do rubi é reconhecido como factor exclusivamente importante de uma gema de classe.

O rubi estrelado, igualmente adequado a estes nativos de Escorpião, tem a mesma composição de um rubi simples, para além de uma quantidade de cristais de estranho formato capilar que lhe atribuem uma luminosidade sedosa. Quando a pedra é cortada em cabochão, estes cristais, crescendo em diferentes direcções, produ-

Signo a signo e pedra a PEDRA

zem uma estrela de seis pontas que paira sobre a superfície quando se move a gema. Esta pedra muito apreciada exibe geralmente um asterismo mais proeminente se a cor básica do rubi for pálida.

Se se deseja outro cristal precioso, deve experimentar-se a benitoíte, um mineral raro de titânio encontrado em San Benito na Califórnia. Descoberta por volta de 1907 por Hawkins e T. Edwin Sanders, esta gema, geralmente de um azul muito escuro, é semelhante a uma safira, mas excede-a em brilho. Não há muito tempo soube-se da existência de uma cor-de-rosa. Com um valor de 6 na escala de dureza, a benitoíte é adequada para usar como jóia acompanhando um traje de noite.

Segunda metade de Escorpião
(7 de Novembro-21 de Novembro)

Cristal precioso: *rodocrosite*

O cristal precioso da segunda metade do Escorpião foi descoberto imediatamente antes da Segunda Grande Guerra, quando uma mina esquecida, outrora explorada pelos antigos Mexicanos para extracção de prata e cobre durante o século XVIII, foi reaberta. Hoje, a «rosa-inca» e a «rosinca» são naturalmente populares pelo seu requinte róseo adequadamente designado de rodocrosite. Esta pedra contém cálcio, magnésio e ferro, forma-se em circunstâncias amenas, sendo suficientemente dura para ser usada como jóia. A rodocrosite equaciona-se com Plutão, Marte e a Lua pela sua tonalidade, elementos e dureza.

No deserto do Calaari, na África do Sul, produzem-se cristais de rodocrosite de primeira qualidade em diversos cambiantes de cor-de-rosa, mas a rodocrosite pode ter uma tonalidade esverdeada ocasionada por impurezas. Infelizmente, a mina mexicana original não conseguiu fornecer material precioso, mas produz a espécie semipreciosa, muito bonita, que se caracteriza por faixas rendilhadas de cor creme sobre um fundo rosa suave mas brilhante. Com efeito, esta variedade semipreciosa está a surgir por todo o mundo na América do Norte, na Índia, na Hungria, na Roménia e na Saxónia.

Um segundo cristal precioso para os nativos do Escorpião deste grupo é a alexandrite do Sri Lanka, que é na realidade uma safira que muda de cor, passando do verde-azulado de ardósia (à luz do sol) ao púrpura (sob a luz artificial). O ferro e outros elementos metálicos, incluindo o vanádio, correspondem a Marte e à Lua, enquanto as cores correspondem a Plutão. Os compradores devem ter sempre o cuidado de obter um certificado da autenticidade da gema, pois as versões sintéticas são frequentes.

Primeira metade de Escorpião
(23 de Outubro-6 de Novembro)

Talismã: *fluorite*

Diz-se que Nero teria dado o equivalente a 120 000 libras esterlinas actuais por um vaso feito desta pedra; Plínio o Velho cantou as suas glórias; as escavações de Pompeia revelaram duas urnas de fluorite, prova de que os Romanos não só tinham descoberto e extraído este mineral há 2000 anos na sua província remota da Bretanha, como também o apreciavam. Hoje, as taças de vinho vendidas nos armazéns Harrods de Londres chegam a atingir as 2500 libras esterlinas, e a Rainha possui a título pessoal pelo menos um moderno cálice de fluorite. A fluorite surge apenas num local – numa colina situada a cerca de quilómetro e meio de Castleton no Derbyshire, em Inglaterra. Sendo a nuorite mais exclusiva do mundo, esta pedra distingue-se de outras pelas suas faixas ondulantes azuis escuras e vermelho-púrpura em fundo branco ou branco-amarelado, formando configurações circulares rendilhadas em torno de um ponto central, cores que se harmonizam com Plutão e com o seu satélite, Caronte.

Fósseis da vida marinha que nadavam em correntes subterrâneas há cerca de 330 milhões de anos e cavidades repletas de óleo verde (que se pensa ser proveniente da extinta vegetação oceânica, encontram-se nos locais onde se desenvolveu a fluorite, fornecendo uma ligação com o aquático planeta Neptuno, globo mutável desta área. O carácter misterioso do regente celeste de Escorpião e a sumptuosa nuorite encontram-se em paralelo, uma vez que as apreciadas faixas ornamentais da pedra há muito que constituem uma fonte de mistério no que se refere à sua origem. Tratar-se-á de ferro, asfalto, betume ou radiação de urânio? Ninguém sabe. Até a origem do nome do talismã é um mistério. Será francesa, do país onde se produziam obras-primas desse material? Os Franceses ter-lhe-iam chamado *bleu-jaune* (azul-amarelo). Ou teriam os mineiros ingleses resolvido chamar-lhe *blue John* para a distinguir do seu material de trabalho, por alcunha «*black Jack*»?

Equiparando-se em tamanho ao pequeno Plutão, a fluorite forma-se naturalmente em pequenos nódulos redondos em condições amenas. É possível adquirir soberbas selecções de jóias pouco dispendiosas deste material em engastes de prata e ouro, tal como ovos, taças, jarras e caixas de relógios.

Uma aventura digna desse nome para os nativos do Escorpião consistiria numa viagem ao longo de cerca de um quilómetro desde o canal de Derbyshire que conduz a uma série de câmaras subterrâneas adornadas de cascatas de estalagmites (colunas de pedra calcária) de múltiplos matizes, onde se podem observar filões subterrâneos desta pedra tal como a Natureza a produz.

Segunda metade de Escorpião
(7 de Novembro-21 de Novembro)

Talismã: *ametista*

Originada por efeito da radiação do ferro, a cor da ametista harmoniza-se com a superfície plutoniana. Além disso, forma-se geralmente nos resíduos de antigas bolhas de lava com uma camada exterior de uma substância muito rica em ferro. O ferro é o metal que colora o solo marciano de um rosa-ferruginoso, e esse planeta exerce uma subinfluência em todos os nativos de Escorpião.

Embora a maior parte do quartzo, a cuja família pertence a ametista, corresponda a Saturno, o planeta Plutão tem uma densidade igualmente leve encontrando-se suficientemente afastado do Sol para não negar a presença de água. Na ametista, encontram-se ocasionalmente laivos de ferro e de rutilo dourado (cristais capiliformes estranhos), constituindo um outro efeito paralelo de magia. Poucas espécies chegam infelizmente ao mercado, mas, quando tal acontece, tornam-se peças de coleccionador. As anteriores associações com esta pedra incluem Saturno (relacionando a sua coloração vinosa a Baco), Neptuno (os Romanos dedicavam-na ao mês de Neptuno, Fevereiro), Touro (Vénus), Júpiter e o Sol. O quartzo ametista era igualmente confundido com a ametista-oriental, que é na realidade uma safira.

Uma das histórias que ligam a ametista a Baco conta que ele teria assustado uma inocente donzela que, com medo, se transformou num cristal de rocha. O deus, cheio de remorsos, suspirou e quando o seu hálito avinhado bafejou a desgraçada jovem, as suas veias tornaram-se purpúreas como as uvas. Desde então, a pedra preciosa teve piedade dos que se entregavam ao vinho em excesso, e dizia-se que impedia a embriaguês. Por essa razão os antigos bebiam por taças de ametista, na esperança de se manterem sóbrios e evitarem os efeitos secundários na manhã seguinte.

A ametista era muito popular na época romana quando a gravação tornada possível por novos instrumentos, como goivas e tornos, estava em voga. Assim, ainda hoje podemos ver as belas feições de Marco António, o que nos leva a compreender a razão por que conquistou o coração de uma rainha egípcia.

Primeira metade de Escorpião
(23 de Outubro-6 de Novembro)

Rocha de cabeceira: *estibina*

O mundo sombrio de Plutão atrai a estibina, um mineral quebradiço, cuja cor varia entre o prateado azulado e o cinzento-chumbo, excessivamente vulnerável e algo maleável, exibindo a sua personalidade em agulhas direitas irradiantes ou hastes planas, por vezes com linhas cruzadas geralmente paralelas.

A estibina apresenta-se em pequenas espécies em correspondência com o planeta Plutão, é visualmente agradável e apresenta ocasionalmente uma iridiscência à superfície. Quando aquecida em carvão, mostra o seu desagrado pelas temperaturas elevadas, deixando como resíduo uma incrustação branca que se desfaz com facilidade. O branco é a cor do satélite de Plutão, Caronte, e o frio intenso deste globo adequa-se à suavidade da estibina, com dureza dois na escala de Mohs. O ameno planeta Marte, subinfluência para os nativos da primeira metade de Escorpião, e Neptuno, seu planeta mutável, têm ambos uma temperatura baixa e vidas plácidas. Em Marte o solo é rico em elementos metálicos.

O nome da estibina deriva da palavra latina *stibnium*, que quer dizer antimónio – um metal quebradiço, branco como estanho. Há cerca de cinco mil anos era utilizado como sombra para os olhos – talvez a primeira utilização de um produto da terra em artigos de luxo.

_____ Signo a signo e pedra a PEDRA

Os nativos de Escorpião que prefiram uma rocha de cabeceira com mais brilho, podem optar pela crocoíte. Este mineral possui cristais límpidos, muito brilhantes, vermelho cor de jacinto, que se apresentam normalmente sobre uma rocha mãe castanha, o que dá a esta pedra, tão orgulhosa do seu nascimento, a oportunidade de se exibir. As suas cores correspondem a Marte e a Neptuno em virtude do facto de, num teste laboratorial, os cristais vermelhos mudarem para verde, e a Plutão porque, no decorrer de outro, se tornam escuros antes de voltarem ao seu brilho natural vermelho. Encontrando-se na Tasmânia, América, Brasil, Filipinas, Hungria, Roménia e Sibéria, a crocoíte desenvolve-se na zona oxidada de depósitos de chumbo. A sua importância aumentou consideravelmente quando se descobriu que contém crómio.

Segunda metade de Escorpião
(7 de Novembro-21 de Novembro)

Rocha de cabeceira: *oquenite*

A oquenite é um mineral de cálcio com alto teor de água e um nível de fragilidade ainda mais alto – basta um piparote para que desapareça por completo! As formas, a cor branca e enorme tamanho desta pedra, comparada com os seus companheiros minerais, corresponde ao satélite de Plutão, pois o seu corpo delicado só é capaz de sobreviver quando longe do calor do Sol.

Quanto a Neptuno e Marte, harmonizam-se melhor com a prenite, com a aparência de uma «mimosa» verde pálida, outro mineral de cálcio que difere da oquenite pelo facto de possuir mais alumínio e menos água. É uma pedra etérea quando lapidada e polida, e tem com frequência um lustro de pérola. Ainda que nem sempre fácil de encontrar, a prenite que é possível adquirir sob a forma de contas, pingentes e botões de punho, vale bem o esforço da busca.

O quartzo, a mais prolífera e provavelmente também a mais apreciada de todas as variedades de cristal, forma-se em circunstâncias amenas e adequa-se aos três mundos envolvidos. Esta escolha adicional é muito discutida noutra parte deste livro, em particular na secção que fala da cura, e os nativos da segunda metade de Escorpião são excepcionalmente afortunados por terem esta útil e atraente rocha de cabeceira.

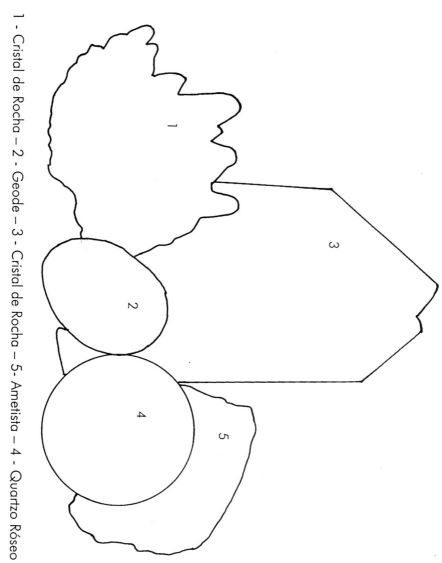

1 - Cristal de Rocha – 2 - Geode – 3 - Cristal de Rocha – 5- Ametista – 4 - Quartzo Róseo

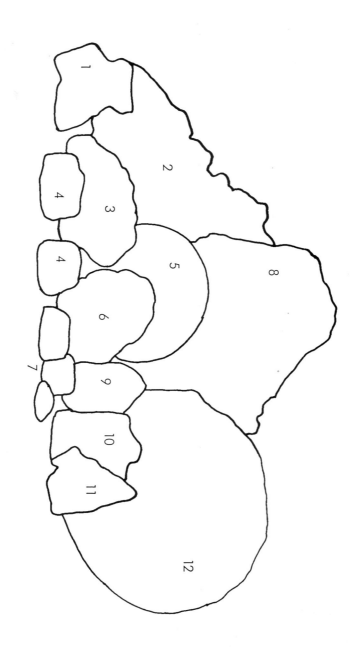

1 - Quartzo esfumado – 2 - Âmbar – 3 - Azurite – 4 - Turquesa – 5 - Jade – 6 - Geode – 7 - Olho-de-tigre – 8 - Citrina – 9 - Selenite (Pedra de Lua) – 10 - Pirites de ferro – 11 - Lápis-Lazuli – 12 - Sardónica (Ágata)

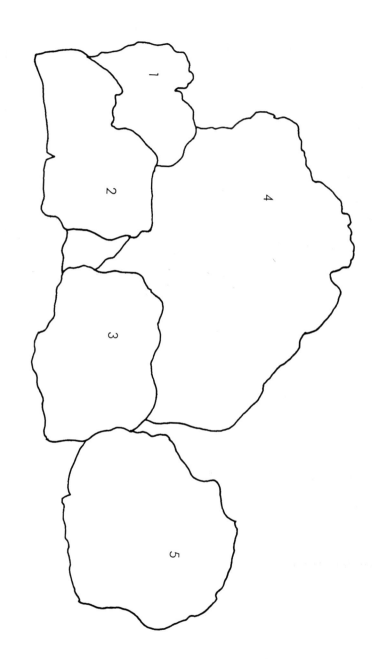

1 - Enxofre – 2 - Ágata de laço azul – 3 - Malaquite – 4 - Geode – 5 - Ametista / Quartzo / Ágata

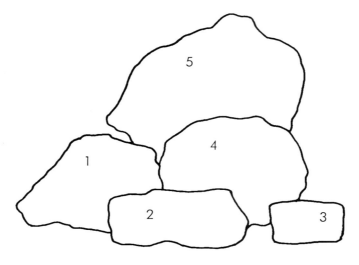

1 - Calcite — 2 - Opala — 3 - Pirites de ferro
4 - Quartzo com mica — 5 - Calcite

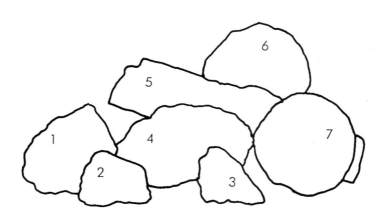

1 - Calcopirite — 2 - Rodocruzite — 3 - Malaquite — 4 - Hematite com Quartzo — 5 - Gipso — 6 - Geode de Calcite e Quartzo
7 - Geode com Ametista

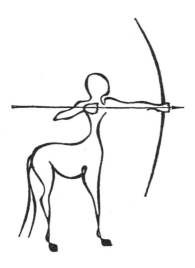

Primeira metade de Sagitário
(22 de Novembro-5 de Dezembro)

Cristal precioso: *turmalina*

Existe apenas um cristal precioso suficientemente turbulento para poder corresponder ao mundo louco de Júpiter: a turmalina. A variedade multicor conhecida por turmalina-melancia é atribuída aos nativos da primeira metade de Sagitário, e tem geralmente um núcleo cor de morango rodeado por uma faixa verde-azulada, ou então uma camada interior azul-esverdeada e uma exterior cor-de-rosa. A cor-de-rosa é importante, dado que os nativos da primeira metade de Sagitário têm como planeta mutável Marte, que é de um rosa ferruginoso, e os elementos metálicos que ocasionam a coloração formam-se, em conformidade, a temperaturas frias. Embora o verde se harmonize tanto com Marte como com Júpiter, na realidade qualquer cor de turmalina é adequada aos regidos por este planeta, no qual se pensa existirem muitos elementos metálicos preciosos em turbilhão.

Nenhuma outra família de pedras preciosas tem a riqueza de variação de cor da turmalina, pois as composições das pedras diferem e as colorações dependem do elemento metálico dominante quando o cristal se formou. Tal como o seu planeta regente, a turmalina é extremamente complexa e contém com frequência alumínio, boro, potássio, magnésio, ferro, sódio e lítio em diversas quantidades num único cristal – aspecto salientado com ironia pelo crítico de arte John Ruskin no seu livro *The Ethics of the Dust* (1866), em que escrevia: «E no todo, a sua química parece-se mais com a receita de um médico medieval do que com a formação de um mineral respeitável». Com efeito, a única característica regular da turmalina é a sua estrutura básica – as variações daí decorrentes são inumeráveis.

Foram as extraordinárias propriedades eléctricas positivas e negativas da turmalina que deram origem à sua anterior designação de «íman mineral». O calor também a activa, como um grupo de crianças holandesas descobriu, em 1703, quando brincavam ao sol com o que pensavam ser pedras sem valor. Tratava-se na realidade de turmalinas coloridas que tinham sido oferecidas às crianças por negociantes de gemas e que atraíam folhas e galhos secos. Os adultos juntaram-se então à brincadeira, colocando pedras de turmalina perto do lume ou esfregando-as com as mãos, descobrindo-se então que atraíam cinza de um lado, repelindo-a do outro. Isto levou a que a turmalina fosse apelidada de «*Aschentrekers*», que significa «o que atrai a cinza». O nome da turmalina deriva provavelmente da palavra tamil *tormalli*, *que significa* «uma coisa pequena saída da terra».

A maior parte das turmalinas são pequenas, sendo as excepções o famoso «foguete brasileiro», que mede 109 cm, e o ninho de cristais coloridos do tamanho da cabeça de um homem encontrado na Birmânia e oferecida pelo Rei de Ava ao Conde de Bouron. Os cristais separados que formam este aglomerado são quase da grossura de um dedo e cada um deles parte da base da pedra com uma sombra escura, tornando-se mais luminoso para a extremidade. Ainda que grande parte da superfície seja castanho-dourado, a massa, no seu todo, é de um suave vermelho-violeta. A extravagante oferta do Rei de Ava encontra-se hoje no Museu Britânico. O coleccionador pode encontrar turmalinas na Austrália, no Brasil, na Índia, na Rússia, no Zimbabué e noutros lugares.

Um segundo cristal precioso para estes nativos do Sagitário é a fosfofilite da Bolívia. A delicada coloração turquesa desta gema transparente, que pode ser lapidada, polida e manuseada, faz eco da luz fixa de Júpiter tal como é vista de longe, e um dos seus principais componentes, o zinco (os outros são o ferro e o manganés), está em correspondência com a zona meridional branca de Júpiter. Com a sua dureza baixa de 3,5, será melhor guardá-la numa caixinha do que usá-la como ornamento, mas seja como for não há motivo para preocupações. O âmbar, com uma dureza de 2,5-3, tem durado séculos depois de ter sido manuseado, usado ou fixado.

Segunda metade de Sagitário
(6 de Dezembro-20 de Dezembro)

Cristal precioso: *turmalina*

Já em correspondência com Júpiter, esta pedra tem também um paralelo com o Sol, corpo mutável para os nativos da segunda metade do Sagitário, em virtude da fraca densidade e espantosa energia.

As cores predominantes deste cristal precioso para os nativos do segundo grupo do Sagitário são os verdes-amarelados e azulados, mas como as turmalinas de uma ou até de duas cores são relativamente raras, colorações adicionais ou até completamente diferentes são aceitáveis. Ao harmonizar a turmalina com as suas contrapartidas celestes, os factores chave são os elementos da composição da pedra, a sua densidade e produção de energia.

Para os conhecedores, a qualidade mais sedutora de uma turmalina é a sua característica de cor volúvel. O verde exibirá tons que vão do amarelado ao esverdeado, o vermelho exibe vários tons de rosa, o vermelho escuro e o castanho apresentam matizes misturados, e a pedra cristalina tem laivos cor de ferrugem e verde que reluzem do interior do seu corpo. Os violetas fundem-se com o turquesa; o amarelo pode ser escuro, claro ou até alaranjado. As secções de turmalina lapidada exibem matizes contrastantes em lados opostos. Em resumo, na maioria das turmalinas parece existir um arco-íris em festa.

A turmalina deveria ser apelidade de «gema da juventude», dado que se tornou sempre famosa através de crianças. Por exemplo, num dia de Outono no ano de 1820, duas crianças de Mount Mica, no Maine, encontraram uma massa reluzente de cristais verdes junto das raízes de uma árvore. A pedra chegou ao conhecimento de joalheiros parisienses que a usaram extensivamente, se bem que a turmalina seja demasiado «nova» para que as lojas mais elegantes a exibam nas montras.

Ao longo dos séculos, este mineral arlequinesco tem sido confundido com outros cristais preciosos. Assim, pensou-se que um «ovo de galinha» de turmalina fosse um rubi de notável luminosidade, e na sala do tesouro do Kremlin encontra-se guardada uma pedra deste tipo. Foi oferecida ao Kaiser Rudolfo II (morto em 1612) pela sua irmã; dele passou para a Coroa Sueca, tornando-se propriedade de Catarina a Grande em 1777.

A turmalina encontra-se em muitos países, mas um local acessível para o leitor encontrar uma é a ilha de Elba, que produz algumas das mais belas do mundo.

Primeira metade de Sagitário
(22 de Novembro-5 de Dezembro)

Talismã: *âmbar*

Há uma coisa que se pode dizer com confiança acerca do âmbar: é pouco provável que exista em qualquer outro planeta sem ser a Terra. Esta substância não é um mineral (embora possa ser cortada e polida como se o fosse) mas um fóssil de origem vegetal que surgiu entre 25 e 125 milhões de anos atrás sob a forma de seiva ou resina proveniente de certos tipos de vegetação. A seiva, como se explica noutra parte deste livro, constituiu uma cripta aconchegante para toda a espécie de objectos pré-históricos desde orquídeas, penas, gotas de água e teias de aranha a formigas, moscas, traças, ovos em incubação e lagartos. Uma espécie particularmente bizarra, hoje na posse de um museu americano de história natural, é um pedaço de âmbar contendo três grupos de moscas em copulação – uma espécie de Pompeia sem pessoas.

Formado de carbono, hidrogénio e oxigénio, o âmbar é solúvel em álcool, risca-se com facilidade e tem uma carga eléctrica negativa quando é friccionado, daí o seu nome antigo de *Electron*, «eléctrico» em grego.

É frequente o âmbar da Sicília apresentar um brilho interno com colorações verde forte e vermelho-acastanhado. O da República Dominicana tem as mesmas características, ainda que menos vivas, mas as espécies exibem ocasionalmente um tom azul forte quando sobre ele incide a luz directa. O âmbar mais mole, opaco, cor de manteiga e mel provém essencialmente da área do Báltico.

O âmbar era apreciado pelas culturas pré-históricas, sem dúvida por ser fácil de trabalhar e de transportar devido à sua leveza. Fizeram-

-se tentativas para o identificar como «pedra da paz» mas, por estranho que pareça, tem sido mais popular em sociedades em convulsão política.

Devido ao seu baixo ponto de fusão – um dos mais baixos de todas as pedras preciosas – o âmbar tem o seu lugar junto de Marte, planeta mutável desta área do zodíaco, cujo solo se encontra permanentemente coberto de geada.

A pedra-de-eliat é outro talismã para os nativos de Sagitário deste grupo. Diz a lenda que veio das minas de cobre do Rei Salomão, e não há dúvida de que é rica nesse mineral. Inclui igualmente a turquesa, talismã dos nativos da outra metade de Sagitário. A sua coloração habitual é verde-azulado forte, mas pode encontrar-se também numa deslumbrante variedade rósea. Encontra-se perto de Eliat, no golfo de Acaba, no Mar Vermelho.

Segunda metade de Sagitário
(6 de Dezembro-20 de Dezembro)

Talismã: *turquesa*

Outrora a pedra preciosa mais procurada da Antiguidade, a turquesa representava para os Egípcios não só a beleza mas também o perfume, pois esta jóia recebia originalmente a forma das folhas da perfumada flor de lótus. Esses primitivos habitantes do Vale do Nilo preocupavam-se muito com os jardins. Nas suas orações diárias pediam que lhes fosse permitido regressar da «Terra dos Mortos» para se sentarem debaixo do lótus azul, comerem o seu fruto e banharem-se no seu aroma doce e inebriante. Nas festas, os convidados usavam grinaldas de lótus, os barqueiros uma única flor, taças de flores de lótus decoravam os lares mais pobres e os palácios mais grandiosos e frizos de pétalas e botões eram esculpidos e pintados nos túmulos.

O desejo dos Egípcios de dar forma permanente a todas as coisas belas levou-os a negociar a turquesa com os seus vizinhos e a desenvolver a arte da joalharia *cloisonné*, originalmente praticada no Ur. O fabrico destas jóias era uma tarefa morosa e exaustiva. Primeiro, havia que cortar finas folhas de ouro batido numa forma determinada. Depois soldavam-se fios em redor do desenho delineado. Finalmente, as fendas resultantes eram preenchidas com faixas de turquesas, imitando as longas pétalas curvas do lótus. O miosótis, outra flor muito admirada, era copiada segundo o mesmo processo, utilizando-se os pedaços de turquesa que sobravam. Para dar os toques finais depois de todas as faixas de turquesa terem sido encaixadas nos seus lugares, a superfície da jóia era escovada com pedra calcária, colorida, pulverizada e aquecida à chama até o ouro e a pedra preciosa se fundirem. Enfeites para os ombros, fivelas, pingentes, coroas e muitas outras peças de maravilhosa arte do *cloisonné* existem ainda hoje no Egipto.

A turquesa era igualmente uma jóia oficial para os reis da Pérsia, região onde se pensava que a pedra preciosa protegia cavalos e cavaleiros, figurando, segundo essa crença, em peças destinadas a ambos. Este talismã ubíquo veio da Pérsia para a Europa via Turquia, e daí o seu nome. Os que a possuem continuam a usá-la como defesa contra o mau-olhado, e diz-se que sonhar com ela é prognóstico de uma nova e duradoura amizade.

Os índios da América pensavam que a pedra tornava um homem belicoso e implacável para com os seus inimigos. Desta forma o bravo bem equipado levaria consigo para a guerra milho, milho-doce, feijões, carne seca, uma garra de urso – e um pedaço de turquesa.

A turquesa contém água, ferro, cobre e alumínio, combinação apropriada a Júpiter. Tem uma dureza média, é leve e resistente à chama mais forte (embora o calor a torne acastanhada) – durabilidade que corresponde ao Sol, corpo celeste mutável desta área do zodíaco.

É essencialmente a América do Norte que abastece de turquesas o mecado mundial, mas o comprador deve ter o cuidado de pedir um certificado de garantia se se tratar de uma pedra de qualidade, pois a espécie mais vulgar é uma pedra mole imperfeita, endurecida, aperfeiçoada por meio da impregnação de cera e artificialmente colorida.

Dentes e ossos fósseis, coloridos por componentes do ferro, são frequentemente cortados e polidos, chegando ao mercado sob a designação de osso-turquesa. Evidentemente, há também que distingui-los da pedra genuína.

Um segundo talismã para as pessoas cujo aniversário cai sob o domínio de Júpiter é a hauína. Esta pedra preciosa, bonita e muito vistosa, assemelha-se a uma água-marinha ligeiramente opaca e encontra-se espalhada por todo o mundo. A hauína alemã da

Renânia, que apresenta um fulgor alaranjado à luz ultravioleta, tem correspondência com as nuvens de Júpiter e com Io, o seu maior satélite. A hauína não é tão conhecida como seria de esperar. A sua beleza translúcida provém de uma mistura de elementos existentes na sua composição – sódio, alumínio e cálcio – que lhe conferem, a par da sua pouca densidade, correspondência com Júpiter.

Primeira metade de Sagitário
(22 de Novembro-5 de Dezembro)

Rocha de cabeceira: *auricalcite*

Esta pedra, formada em ninhos de tufos de cristais direitos e semelhantes a agulhas em harmonia com o seu planeta regente, constitui uma encantadora rocha de cabeceira para os nativos da primeira metade do Sagitário. Tal como Júpiter, a auricalcite tem uma densidade baixa e reflecte igualmente esse planeta na sua composição de zinco e cobre, o primeiro, branco e volátil, o último, maleável, resistente e avermelhado. Com as suas delicadas colorações transparentes azuis ou verdes, é tão assombrosa como o seu soberano celeste, quer se tenha formado sozinha, com outras, ou numa rocha mãe escura.

Uma segunda rocha de cabeceira para os nativos da primeira metade do Sagitário é a crisocola, um mineral opaco verde ou azul celeste com um brilho semelhante ao esmalte, que se pode encontrar na Austrália, América, Baviera, Chile, Congo, Inglaterra e Sibéria. Embora de dureza variável, trata-se de um material invulgar e durável para peças de joalharia, patenteando as suas cores vibrantes, verde e azul, quer na mesma pedra quer na conta mais ínfima. Algumas espécies verdadeiramente deslumbrantes contêm opala e cristal-de--rocha; outras têm a aparência de autênticas turquesas; outras ainda podem apresentar marcas castanhas ou pretas, dependendo das impurezas.

A crisocola é essencialmente um mineral do elemento cobre contendo também diversas quantidades de sílica e inclusões de muitos outros elementos metálicos e não-metálicos. Aparece na Cornualha, em Inglaterra; em Adelaide, na Austrália Meridional; na Sibéria, no Chile, nos Estados Unidos da América e na República do Zaire.

O poder curativo dos CRISTAIS

Segunda metade de Sagitário
(6 de Dezembro-20 de Dezembro)

Rocha de cabeceira: *bornite e calcopirite*

Tanto as nuvens de Júpiter como os vulcões de Io são exaltados nestas duas pedras. A superfície bronze avermelhada da bornite deixa um depósito amarelo de enxofre quando aquecida no laboratório, sendo um valioso minério de cobre misturado com elementos de ferro. A calcopirite é mais simples, se bem que possua uma aparência mais acobreada. Mas, juntas ou em separado, ambas as pedras se formam em grandes, vistosos e opacos cristais em forma de pirâmide, embora por vezes apareçam cristais triangulares e ambas as pedras possam apresentar-se em cristais microscopicamente pequenos incluídos numa rocha escura separada. A iridiscência da bornite tem-lhe merecido a designação de «minério-pavão», mas nenhuma das pedras é normalmente utilizada como material precioso. Devem ser mantidas no seu estado natural. O Sol, que é o corpo mutável para os nativos da segunda metade do Sagitário, de bom grado pode estar em harmonia com estas duas pedras flamejantes, como acontece com Júpiter e Io. Provêm de quase todo o mundo, em particular da Austrália, Japão, Coreia, Chile, Grã-Bretanha, Alemanha e Noruega.

Como alternativa, os nativos desta metade do Sagitário podem experimentar o ovo-de-trovão, cujo nome é mais do que apropriado. A origem destas pedras continua a ser um mistério para os geólogos, embora se trate provavelmente de actividade vulcânica. São muito apreciadas pelos coleccionadores. As pedras boas, quando cortadas ao meio, mostram a configuração de uma estrela de quatro ou cinco pontas, com as pontas tocando as extremidades exteriores. O centro da pedra propriamente dita pode apresentar uma forma côncava, repleta de cristal-de-rocha límpido, de quartzo cinzento e castanho-avermelhado opaco ou da variedade preciosa da opala. A América possui algumas esplêndidas espécies desta pedra, que surge também em profusão na Austrália, nomeadamente nos estados de Queensland e da Tasmânia. Os deuses antagónicos do mito aborígene lançavam estas pedras como mísseis, prática que não é hoje recomendada, por mais tentadora que pareça.

Primeira metade de Capricórnio
(21 de Dezembro-4 de Janeiro)

Cristal precioso: *topázio*

«O topázio dourado lembra-nos as folhas de Outono, sendo por esse motivo a pedra de nascimento para Novembro». Observações ignorantes como esta têm constituído um flagelo no estudo das gemas astrológicas, dando origem a muita confusão. Esta observação, em particular, seria obviamente menos ridícula se o Outono se verificasse em todos os países nos mesmos meses, ou se as pedras preciosas natais diferissem de lugar para lugar ou de uma parte do mundo para outra. Não é de facto assim. A sua pedra preciosa é a mesma, quer viva em Sidney quer em Timboctu.

Os nativos da primeira metade de Capricórnio têm o topázio como cristal precioso. Apelidado de «diamante-escravo» dado os seus espécimes de maiores dimensões substituírem com frequência os diamantes nas exibições, o topázio incolor brasileiro possui um brilho puro típico de toda a família dos topázios, mesmo nas variedades mais coloridas. Foi talvez esta característica que encorajou a crença antiquíssima de que os religiosos eram capazes de ler os seus livros de orações em plena noite mediante a luz brilhante emitida por um topázio, e também o motivo pelo qual os cavaleiros que partiam em cruzadas recebiam um topázio das suas amadas.

Contendo alumínio, o topázio é praticamente único por ser um dos poucos cristais de primeira a conter nuorina, um elemento não-metálico de considerável importância industrial. Este produto químico, mais uma pequena quantidade de água e a sua consequente gama de maravilhosos matizes que incluem as cores azul, verde, rosa, amarelo, castanho e branco, correspondem ao planeta Saturno, e a sua dureza 8 confere a esta pedra o mesmo dígito atribuído a Saturno pela ciência da numerologia. O topázio corresponde igualmente a Vénus, planeta mutável desta área do zodíaco cuja atmosfera apresenta chuva sulfúrica, uma vez que se decompõe apenas ligeiramente quando contaminada por ácido sulfúrico; é também formado em temperaturas elevadas.

Segundo a fábula, o topázio foi descoberto por alguns marinheiros naufragados à espera de serem recolhidos, e deles recebeu o nome. A ilha a que foram dar era difícil de localizar e constantemente rodeada de neblina e nevoeiro. Os marinheiros chamaram tanto à gema como à ilha «topazos», que quer dizer «perdido e achado».

A coroa real de Portugal possui um grandioso topázio de 1680 carates com uma transparência magnífica. Mas há muitas pedras que são vendidas por topázios, incluindo a citrina amarela, rocha de cabeceira dos nativos da primeira metade de Capricórnio. A variedade verde-azulada confunde-se muitas vezes com a água-marinha e a branca com o cristal-de-rocha, a safira branca e o diamante branco, sendo o topázio a mais rara de todas. Os exemplos mais belos de topázio não são fáceis de encontrar, bem como as espécies grandes ou de tons róseos. As pedras modernas vendidas como topázios róseos são apenas pedras naturais amarelas artificialmente aquecidas.

O topázio surge com frequência e pode ser encontrado em particular na Austrália, Brasil, Birmânia, Sri Lanka, Rússia, México, Nigéria e Estados Unidos da América.

A condrolite, outra gema rara de fluorina, é um segundo cristal precioso para os nativos do primeiro grupo de Capricórnio e é considerado um mineral invulgar apenas ao alcance do coleccionador. Merece, contudo, uma utilização mais extensiva, pois os seus cristais de um vermelho carregado têm grande beleza e lustro, e a sua dureza de seis numa escala de dez torna possível lapidar esta pedra para ser usada como jóia. A condrolite vermelha provém da mina Tilly Foster em Brewster, Putnam County, no Estado de Nova-Iorque, mas as de uma rica, embora suave, cor-de-mel encontradas em Kafvetorp, na Suécia, não são de desprezar.

Segunda metade de Capricórnio
(5 de Janeiro-19 de Janeiro)

Cristal precioso: *tanzanite*

Extraordinária gema azul-purpúrea com luzes violeta reluzentes, a tanzanite, descoberta na Tanzânia em 1967, ainda não se tornou conhecida. Do grupo com menor densidade, que corresponde ao planeta Saturno, e imediatamente acima da dureza média, a tanzanite contém uma quantidade razoável de água juntamente com cálcio e alumínio. Pensa-se que a sua espantosa coloração azul se deve a vestígios de vanádio, elemento metálico branco-prata utilizado na manufactura de aços especiais.

Esta pedra é por vezes aquecida para realçar a cor, processo que não invalida a sua posição como cristal precioso para os nativos de Capricórnio, mas diminui a sua intensidade natural, por mais hipnótico que o efeito possa ser sob outros aspectos.

Outra pedra preciosa para os nativos do segundo grupo do Capricórnio é a opala-ananás. Ao contrário do que se possa pensar, não se trata de um fruto cristalizado mas de um cristal de glauberite repleto de opala que começou a formar-se há cerca de 70 milhões de anos. As configurações de cores relampejantes e em constante mudança da opala harmonizam-se com Mercúrio, mundo mais veloz da nossa secção da Via Láctea e planeta mutável desta parte do zodíaco. O seu corpo levíssimo corresponde ao planeta mais leve do sistema solar, o que de forma alguma compromete o alto teor de água da opala, uma vez que Saturno está bem distante do Sol no espaço.

Para os nativos de Capricórnio, as colorações da opala-ananás são importantes, uma vez que o corpo do seu regente celeste é amarelo, com tons de anil, azul e violeta. Os lampejos ocasionais de outras colorações são igualmente apropriados, já que as faixas que circulam em redor do planeta são multicoloridas. A cor de fundo deve todavia ser sempre escura.

De todas as espécies de opala-ananás encontradas, só cerca de dois por cento são de superior qualidade.

O poder curativo dos CRISTAIS

Primeira metade de Capricórnio
(21 de Dezembro-4 de Janeiro)

Talismã: *azeviche*

A palavra mais frequente utilizada na língua inglesa para descrever qualquer coisa esplendorosamente escura é *jet*, «azeviche», Tennyson descrevia os anéis de cabelo de uma donzela como negros de azeviche, e Shakespeare referia o azeviche como uma jóia. Esta pedra preciosa lustrosa e aveludada e adequada aos nativos do primeiro grupo de Capricórnio, pois a sua coloração mistura-se com as sombras mais profundas que é possível avistar no seu soberano celeste, Saturno, sendo a sua construção leve e baixa densidade igualmente apropriados. Em harmonia com o planeta mutável, Vénus, o azeviche tem necessidade de enorme pressão quando se forma. O nome original desta pedra, «ágata dos Antigos», deriva de um rio da Ásia Menor, mas o azeviche de melhor qualidade provém do Yorkshire, na Inglaterra.

Aproximadamente por volta de 1800 a.C., os primitivos joalheiros do norte da Grã-Bretanha da Idade do Bronze faziam grandes colares em forma decrescente com desenhos em ziquezague que chegavam a ter cinquenta contas de azeviche cada. Estes colares acompanhavam muitas vezes os seus possuidores ao túmulo e, embora as peças que chegaram até nós não possibilitem uma análise pormenorizada dos seus desenhos, é evidente que os padrões foram gravados à mão. Cada peça tinha encaixes, separadores de diferentes formas e «contas» alongadas com múltiplos buracos. Mais tarde, os devotos traziam consigo rosários feitos desta pedra. O azeviche era preferido no século XVII para objectos comemorativos, e no século XIX, aquando da morte do Príncipe Alberto, marido da Rainha Vitória, o azeviche foi usado na corte durante os vinte cinco anos que se seguiram. Os camponeses prussianos continuam a esculpir caixas, *bibelots* e brinquedos de azeviche, que designam por «âmbar negro».

Embora o azeviche seja ligeiramente mais duro e mais pesado do que o âmbar, as duas pedras apresentam semelhanças. Ambas exaltam um característico aroma pungente quando queimadas, estalam se não forem cuidadas, explodem sob grande fricção ou quando sujeitas a violentas mudanças de temperatura, possuem propriedades eléctricas quando friccionadas, e tiveram origem em árvores pré-his-

_____ Signo a signo e pedra a PEDRA

tóricas, não sendo por conseguinte minerais propriamente ditos. Ao contrário do âmbar, que é resina, o azeviche é na realidade madeira de aluvião que foi comprimida a grande pressão depois de submetida a acção química em água estagnada. É muito mais difícil de obter do que o âmbar e existe em menor quantidade no mundo.

O lustro do azeviche pode ser destruído pelo perfume e pelos ácidos do corpo, mas é geralmente restaurado por meio de um polimento enérgico com um pano macio impregnado de cera de abelhas.

Os nativos deste grupo do Capricórnio têm outro talismã, a lazulite – uma soberba pedra ornamental que deveria ser muito mais usada. Contendo elementos de ferro, alumínio e magnésio, a lazulite, que vai do azul celeste ao azul acobreado, tem uma dureza imediatamente inferior a seis e é um dos principais constituintes do lápis-lazuli, o talismã dos nativos da segunda metade do Capricórnio. Encontram-se maravilhosas espécies de lazulite na América, na Áustria, no Brasil e na Suécia. Corresponde ao planeta Saturno sob todos os aspectos, e harmoniza-se com Vénus em virtude dos seus elementos metálicos.

Segunda metade de Capricórnio (5 de Janeiro-19 de Janeiro)

Talismã: *lápis-lazuli*

Num local solitário, onde outrora viveram milhares de pessoas e a dezanove quilómetros das margens do Eufrates, alguns emocionados arqueólogos identificaram, há um século, o Rei de Kish (por vezes chamado «Me Silim»), repousando numa sofisticada, fina e leve armadura de ouro. Suspensa ao ombro encontrava-se uma bainha de filigrana de ouro, fina como uma teia de aranha e contendo uma adaga cerimonial, com o punho esculpido de uma só peça de lápis-lazuli. Outro túmulo continha o corpo da Rainha Pu-Abi, trajando ainda a sua melhor capa de fio de ouro entrançado adornada com nove longos colares de lápis-lazuli e uma gola de contas misturadas de cornalina, ouro e lápis-lazuli. Acrescentando altura à sua pequena figura, encontrava-se uma enorme peruca preta entrelaçada de fita de ouro e encimada por três flores brilhantes de ouro presas a um pente de três dentes. A coroar tudo isto havia grinaldas de folhas feitas em ouro embelezadas de lápis-lazuli. Os seus dois gigantescos brincos de ouro de argolas duplas devem ter tinido de encontro aos berloques enquanto ela era colocada em repouso, rodeada por 63 servos mortos segundo o ritual. Também eles usavam contas de lápis-lazuli, e no túmulo encontravam-se diversas peças de loiça, vasilhas de *toillette* e um talismã com peixes e animais gravados, tudo em lápis-lazuli.

Desta forma, os nativos da segunda metade do Capricórnio herdam a rocha mais cobiçada desde pelo menos 3500 a.C. Os pobres da época, que não podiam adquirir esta pedra preciosa, chegaram à conclusão que o lápis-lazuli inspirava a contemplação devota, uma vez que os sacerdotes-astrónomos também a usavam. Mas, na verdade, a jóia azul forte salpicada de matizes prateados e dourados representava o céu nocturno e a distante morada dos deuses, Enlil e Anu, que se julgava habitarem o Sistema de Sírio *conhecido* dos Etíopes como «a casa do lápis-lazuli». Não muito tempo depois, os camponeses do Nilo, tão impossibilitados de adquirir o lápis-lazuli como os seus equivalentes mais antigos das margens do Eufrates, acreditavam que ela contrabalançava os efeitos perniciosos do incesto, pois de que outro modo poderiam os incestuosos faraós, que usavam estas jóias como adorno permanente, manter a sanidade?

Apesar da composição ligeiramente instável da pedra, o lápis comercial tem mais ou menos sempre o mesmo peso e uma dureza de cerca de 6. Foi primitivamente encontrado na região montanhosa do Noroeste do Afeganistão, que Marco Polo visitou em 1271 para o ver no seu ambiente natural. A região continua a fornecer pedras de boa qualidade. Do Irão e da Pérsia provém a de melhor qualidade, mas surge igualmente no Chile, Rússia, América, Canadá, Birmânia, Angola e Paquistão.

Na cor, dureza e elementos constitutivos, o lápis-lazuli corresponde admiravelmente a Saturno, planeta regente e corpo mutável capricorniano, ao passo que os seus elementos metálicos são os ideais para Vénus.

Primeira metade de Capricórnio (21 de Dezembro-4 de Janeiro)

Rocha de cabeceira: *stichtide*

O australiano Robert Sticht descobriu a rocha de cabeceira dos nativos do primeiro grupo de Capricórnio na Tasmânia, em 1910. A stichtite de tom lilás é opaca, tem um acabamento ceroso e apresenta por vezes veios verde escuros. Mineral de magnésio e crómio contendo com frequência ferro, a stichtite pode ser cortada e polida. Embora nova de mais para ter um passado romântico, fornece espécies de eleição que estão a aparecer com grande rapidez nos mostruários dos coleccionadores. O Canadá registou um achado de stichtite em 1918, tal como aconteceu mais recentemente na África do Sul e na Argélia. A coloração, peso e teor da água da stichtite têm um paralelo adequado no mundo saturnino, e os seus elementos metálicos são os ideais para o planeta mutável dos nativos do primeiro grupo de Capricórnio, Vénus.

Os membros da família do quartzo, em que o calor, pressão e mudança de Vénus e a docilidade de Saturno se conciliam, fornecem opções alternativas a nível de rocha de cabeceira para os nativos do primeiro grupo de Capricórnio. O quartzo castanho pode ser leve como um suspiro e escuro como uma noite sem luar – tudo na mesma pedra. A sua transparência, seja qual for o seu matiz, contrasta com a opacidade virtual do quartzo fumado, um mineral semelhante, outrora também extensivamente explorado nas Montanhas Cairngorm das Terras Altas da Escócia. Muitos jovens das Terras Altas usavam um *cairngorm* nos seus *kilts*. Hoje, o fornecimento dessa região começa a escassear, tendo a citrina e a ametista do Brasil vindo a preencher a lacuna. (Substituíram do mesmo modo os abundantes fornecimentos de diamantes-Kerry da Irlanda.)

A citrina cor de ouro alaranjado deve esta coloração a vestígios de ferro na sua composição e ao processo de reaquecimento natural na crosta da Terra. Mas também ela está a tornar-se rara, e o seu lugar no mercado tem sido tomado pela ametista queimada. Felizmente para os nativos de Capricórnio, o reaquecimento adapta-se ao seu horóscopo, tornando aceitável esta pedra de tonalidade laranja. A construção de uma pedra de colorações duplas ou triplas, composta de uma combinação de citrina e ametista, ou de quartzo castanho, citrina e ametista, é uma arte nova em desenvolvimento ainda que o quartzo multicolorido surja por vezes na Natureza.

Segunda metade de Capricórnio
(5 de Janeiro-19 de Janeiro)

Rocha de cabeceira: *cristal-de-rocha*

O cristal-de-rocha, forma perfeita de quartzo, está mais associado à magia do que qualquer outra pedra. Os Gregos da Antiguidade acreditavam que era uma invenção dos deuses, visto que a encontraram pela primeira vez numa gruta, na Tessália, perto do sopé do Monte Olimpo, lendária entrada para o Céu. Julgavam-na água perpetuamente congelada pelos Imortais e chamavam-lhe *Krystalos*. A primeira fundação da Cidade Celestial, revelada pelo Divino São João, era de jaspe, outra variedade de quartzo; e, claro, as bolas de cristal têm sido utilizadas há séculos por adivinhos e videntes, falsos e genuínos.

O cristal-de-rocha forma-se em tamanhos de tipo David-e-Golias. Alguns atingem a altura de um pequeno poste telegráfico, outros mantêm-se tão minúsculos como o grão de poeira. Uma praia de areia cor de marfim tem cerca de 99 por cento de cristais-de-rocha e, se não fosse a pederneira, em que os cristais-de-rocha se encontram presentes, o Homem dificilmente teria chegado a ser a espécie dominante na Terra. Sendo o mais prolífero dos nossos minerais, o cristal-de-rocha possui uma estrutura atómica única que lhe permite crescer em imagens espelhadas exactas. Começou por ser um depósito de água rica em minerais que corria através de fendas e cavidades na lava arrefecida, ou ingredientes de quartzo flutuando acima de outros, formando o nível superior em filões de muitos minerais. Aí, a sua reluzente pureza adicionou lustro a todos os restantes.

Para o nativo de Capricórnio amante da joalharia ou coleccionador de ovos e esferas, o cabelo-de-Vénus ou *flêche d'amour* («flecha de amor») é uma alternativa obrigatória. As linhas douradas entrecruzadas sugerem a energia emitida por Saturno, enquanto a luz lembra o brilho do planeta Mercúrio. Adequadamente designado por quartzo rutilado, o cabelo-de-Vénus é na realidade cristal-de-rocha límpido com finas «agulhas» semelhantes a cabelos de tons dourados e avermelhados, formados de titânio metálico, esse mineral ígneo, ornamentando-o do interior. A Alemanha é talvez a melhor fonte de fornecimento desta jóia, que não é fácil de obter.

Primeira metade de Aquário
(20 de Janeiro-3 de Fevereiro)

Cristal precioso: *peridoto*

O leitor terá alguma vez ouvido falar de uma pedra com um problema de identidade? Não? Então apresento-lhe o peridoto. Muito procurado já em 1500 a.C., figura na Bíblia disfarçado de crisolito, ou pelo menos muita gente assim acreditava. Hoje, vendem-se obviamente espinelas verdes como crisolitos, uma granada verde russa é vendida a retalho como um peridoto, e o peridoto propriamente dito é conhecido em alguns países como esmeralda-da-tarde. Esta pedra é também conhecida por «Cristal da Ilha da Serpente» ou zibirat, devido ao facto de a ilha na qual foi encontrado, Zibirat, hoje Ilha de S. João, no Mar Vermelho, ser, ou ter sido, infestada de serpentes.

Mas os nativos da primeira metade de Aquário têm sorte quanto ao seu cristal precioso, já que pertence à família da olivina e exibe uma encantadora gama de verdes, do verde-amarelo mais pálido, passando pelo verde-garrafa, até ao verde azeitona escuro, cor mais procurada pelos coleccionadores e mais apropriada aos que nasceram sob este signo. Esta variedade possui luzes amarelas que lampejam do seu interior. É completamente transparente, ainda que com uma superfície ligeiramente oleosa. O seu peso leve e baixa densidade, bem como o facto de só se fundir a altas temperaturas, adequam-se a Úrano, seu planeta regente. Os seus elementos constituintes de ferro e magnésio harmonizam-se com Mercúrio.

Os faraós consideravam o peridoto propriedade dos deuses e matavam os escravos que guardavam estas pedras em Zibirat quando completavam os seus deveres. Os Cruzados pilhavam estas pedras, dando-as a igrejas que ainda hoje possuem grandes tesouros. A Austrália, a Birmânia, o Brasil, o Havai, o México, a Noruega, a África do Sul e a ilha de S. João são as principais fontes.

Outro cristal precioso para os nativos do primeiro grupo de Aquário é brasilianite (do Brasil e dos EUA), uma gema cuja cor varia entre o amarelo brilhante e o verde-amarelado, descoberta em 1944. Tem alumínio na sua composição, é muito leve, e surge em cristais bastante grandes, em correspondência com os seus soberanos celestes. A sua cor e dureza (5 numa escala de 10), adaptam-se bem a Mercúrio.

Segunda metade de Aquário
(4 de Fevereiro-18 de Fevereiro)

Cristal precioso: *diópsido*

Há cerca de sete mil anos, explorava-se uma mina na província de Badakshan, na área montanhosa do Nordeste do Afeganistão.

A sua riqueza era uma rocha lindíssima com colorações que iam do azul-esverdeado ao azul-purpúreo chamado lápis-lazuli, mas o cristal diópsido, um constituinte do lápis, manteve-se oculto por muito mais tempo. Surgindo puro e isolado em exemplares preciosos na Sibéria e nas minas de diamantes da Birmânia, esta pedra só começou a ter um impacto real no mundo quando apareceram espécies de primeira associadas a rubis no Vale Hunza, no Paquistão.

A nível de correspondência planetária, as circunstâncias em que o diópsido perfeito se forma são a pouca tensão e temperaturas elevadas, permitindo o crescimento de uma pedra preciosa perfeita a partir do vapor condensado de fluidos reaquecidos. Mas, fiel ao seu carácter aquariano, o mineral de Úrano *cum* Saturno aguardou o seu momento ideal. Então, em 1964, o diópsido mais resplandecente materializou-se exibindo uma estrela de quatro pontas com duas linhas nítidas e duas atenuadas, suspensas sobre um corpo quase opaco entre o verde-escurecido e o negro-acastanhado. O diópsido estrelado, possivelmente a única pedra preciosa magnética de primeira qualidade, contém cristais semelhantes a agulhas de um mineral férrico adicional, que o tornam ligeiramente mais pesado e um pouco mais duro do que o diópsido puro. Espantosamente, o diópsido estrelado chegou ao mercado sem revelar o seu local de origem, que os entendidos situam com maior probabilidade no Sul da Índia. A Itália produz um diópsido de um verde cristalino sombrio. O mesmo acontece com a Áustria, o Sri Lanka e o Brasil. O castanho--amarelado provém do Canadá, e o verde brilhante da América e da Rússia. O diópsido violeta provém do Piemonte, na Itália e é também conhecido por *violana*.

O peso leve do diópsido tem um paralelo tanto com Úrano como com Saturno, exibindo uma ligeira mudança de corpulência consoante a quantidade de ferro presente. Com magnésio, cálcio e por vezes crómio bem como ferro na sua composição, adequa-se igualmente ao planeta Vénus, rico em metais.

Os nativos do segundo grupo de Aquário têm outro cristal precioso na tugtupite, cujo nome deriva de *tugtup*, que quer dizer «rena». Esta pedra cor-de-rosa só foi explorada em 1960, depois de ter sido encontrada alojada num mineral semiprecioso exclusivo, e muito utilizada na Gronelândia para fins ornamentais. De boa dureza, a «pedra--da-rena» encontra-se também na URSS.

Primeira metade de Aquário
(20 de Janeiro-3 de Fevereiro)

Talismã: *aventurina*

O artista e desenhador russo Carl Fabergé dedicou muitas horas da sua arte à resplandecente aventurina, e na colecção real inglesa existem também muitos tesouros – nomeadamente uma taça com engastes de prata, uma taça embelezada com ouro vermelho e pedras-lunares, uma caixa decorada com uma combinação de diamantes-róseos (lapidados), olivinas e ouro, um pardal com olhos de diamante-róseo (lapidado) e um adorável porco com olhos de rubi – todos esculpidos a partir de vários matizes desta pedra, que também tem sido uma das preferidas dos artistas da China, dos tempos remotos até aos nossos dias.

A aventurina verde, rosada e cor de ocaso, é um invulgar membro da família do quartzo e deve o seu semblante juncado de ouro a flocos levíssimos de mica existentes no seu corpo. A mica, com a sua superfície reluzente e resistência ao calor, adequa-se perfeitamente tanto a Mercúrio como a Saturno, enquanto o seu peso e notável complexidade de composição a harmonizam com Úrano.

Um segundo talismã para os nativos da primeira metade de Aquário é o ónix, um mineral da variedade do quartzo de peso leve com faixas brancas e cinzento-azuladas, correspondentes aos negros anéis de Úrano e às cintas mais claras de Saturno. Os nativos de Aquário estão em boa companhia com semelhante talismã, pois era este o material usado pelos artesãos da Roma Antiga quando desejavam exibir as suas artes com os cortantes e a roda de lapidar. Servindo-se das camadas do ónix estriado, esculpiam camafeus tridimensionais inspirando-se em temas como por exemplo a «Vitória», representada geralmente por uma donzela alada com cabelos flutuantes transportada num carro puxado por cavalos. As crinas dos fulminantes corcéis, as rodas do carro e os anéis e tranças da jovem eram gravados em ónix de diferentes matizes, captando a cena melodramática em termos dos elementos básicos do sistema solar.

Segunda metade de Aquário
(4 de Fevereiro-18 de Fevereiro)

Talismã: *jade*

Certos indianos consideravam outrora que dois bons escravos valiam um machado de jade puro, apreciado pela sua dureza e brilho. Em tempos ainda mais remotos, numa região hoje conhecida por Singkiang, os camponeses abreviavam as suas vidas miseráveis alimentando fornalhas de dia e extinguindo-as à noite no sentido de retirar grandes blocos de jade e jadeíte. Durante toda a noite as suas mãos calejadas e empoladas cinzelavam e martelavam os minerais até soltarem pedaços. A preciosa carga era então transportada por caravanas de camelos até ao seu destino, mais para oriente. Ali era esculpida para uso do imperador que usava sandálias de jade e que, quando faleceu possuía inúmeras peças em jade. Em 1983, uma escavação arqueológica chinesa desenterrou provas suficientes para demonstrar que, no século II d.C., o Imperador chinês Wen Di, governador da área hoje conhecida por Cantão, usava um manto de jade. Trinta discos de jade, com mais de trinta centímetros de diâmetro cada um tinham sido colocados abaixo e acima do corpo, e o túmulo propriamente dito continha mais de mil objectos de jade, incluindo uma taça em forma de corno e quarenta e três espadas rituais esculpidas com efígies de dragões e tigres. Tratava-se de um túmulo imperial típico do período.

Hoje, os descendentes desses escravos que viviam na pobreza possuem pequenas esculturas de jade a adornar as suas lareiras e é frequente usarem amuletos de jade. Mas as pedreiras de Singkiang, na Birmânia, estão esgotadas de jade propriamente dito (resta apenas a jadeíte) e sessenta a setenta por cento do fornecimento mundial dessa pedra provém hoje das montanhas do Noroeste da Colúmbia Britânica, onde equipas bem pagas dinamitam e cortam os blocos com serras de pontas de diamante movidas a *diesel*. Veículos motorizados transportam o jade para Vancôver, de onde é geralmente expedido para a China onde é esculpido e vendido como «jade-chinês». Este jade da Colúmbia Britânica é reputado como sendo o melhor do mundo. É duro, translúcido, fresco, macio ao tacto e agradável à vista e a sua cor varia entre os diversos cambiantes de verde e negro. Infelizmente, contudo, os fornecimentos escasseiam — calcula-se que acabarão dentro de vinte e cinco a trinta anos se a procura se mantiver ao nível actual.

O jade pertence à família da nefrite, e a sua estrutura cristalina e pouca densidade atribuem-lhe correspondência com Saturno, Úrano e Vénus.

Um segundo talismã para os nativos do segundo grupo de Aquário é a cassiterite da qualidade preciosa. O pesado planeta Mercúrio tem um bom paralelo na sua densidade ultra-elevada, forte absorção da luz e colorações de amarelo, camurça e camurça-acinzentado, enquanto Saturno corresponde às cores, que são os cambiantes básicos do corpo do planeta sem as suas sombras. A dureza e teor de água também são apropriados a Saturno e ainda a Úrano, mundo regente desta área do zodíaco.

Quando a cassiterite não se encontra na sua forma cristalina perfeita, a qualidade não-preciosa é o principal minério de estanho, que se encontra em muitos países e surge com maior frequência na Bolívia, China, Indonésia, Malásia e Rússia.

Primeira metade de Aquário
(20 de Janeiro-3 de Fevereiro)

Rocha de cabeceira: *wulfenite (vulfenite)*

Nesta área do zodíaco, os corpos mais influentes são Úrano e Saturno, ambos grandes planetas gasosos de escassa massa e pouco peso, ao passo que Mercúrio, planeta mutável, é por contraste pequeno e fortemente comprimido, compreendendo todos ou quase todos os elementos metálicos que existem. O dourado, o vermelho e o verde são os tons predominantes destes firmamentos galácticos, e a wulfenite, com os seus esplêndidos matizes, uma dureza invulgarmente baixa, elementos metálicos, alterações de cor em testes laboratoriais e cedência metálica ao calor, corresponde-lhes perfeitamente.

O metal que produz é o chumbo (paralelo de Mercúrio), mas por vezes a Natureza inventa substitutos de produtos mais adequados aos planetas Úrano e Saturno. Mas sejam quais forem as mudanças, fica sempre uma substância metálica de um branco-prateado chamado molibdeno. Este é utilizado em liga com aço para a manufactura de máquinas de alta velocidade, que correspondem por sua vez aos planetas Mercúrio e Saturno (a Mercúrio pela sua rapidez, resistência e elementos metálicos; a Saturno pelo seu estonteante sistema de anéis compostos de gelo). A correspondência com Úrano surge através de ensaio laboratorial quando a wulfenite passa por alterações de cor do preto, ao salpicado de verde·e preto, verde-amarelado e verde-escuro, todos tons uranianos.

O nome da wulfenite vem do do Padre F. Wulfen, mineralogista que a descobriu e que, em 1875, a descreveu e desenhou imagens coloridas dos seus cristais. Desde essa altura foram localizadas na América amostras magníficas, vermelhas, douradas e cor-de-laranja transparente, tendo surgido noutros locais em tons de verde-azeitona e cor de mel. De modo geral, os cristais de wulfenite raramente se encontram concentrados, equiparando-se (pela densidade) aos seus soberanos celestes.

Segunda metade de Aquário
(4 de Fevereiro-18 de Fevereiro)

Rocha de cabeceira: *charoíte*

Surge numa versão sumptuosa que parece lápis-lazuli púrpura, provocando, nos que não são da segunda metade de Aquário, o desejo de terem uma rocha de cabeceira como esta.

A charoíte não surge em cristais brilhantes nem num leito alvo de quartzo. É um mineral opaco com veios lilazes que compreende cálcio e potássio sem muitos elementos metálicos, assegurando deste modo a correspondência com Úrano e Saturno. Em paralelo com Vénus, a charoíte compreende alguns químicos metálicos e a sua estrutura celular é por vezes amalgamada. Como conseguiu semelhante criação rica, hipnótica e digna de espanto, manter-se oculta nas margens do Rio Charo em Vatutsk, na URSS, até finais dos anos 70, constitui verdadeiro mistério.

A charoíte é uma pedra cara e não é fácil de encontrar. É ainda menos fácil comprá-la em estado bruto do que sob a forma de ovos ou em ocasionais peças de joalharia (e, infelizmente, a charoíte é quase sempre engastada com uma deplorável falta de perícia). Ainda não chegou a época deste monarca do reino mineral. Quando tal acontecer, a charoíte ocupará por certo o seu lugar ao lado do famoso lápis-lazuli.

Os nativos do segundo grupo de Aquário podem, como segunda rocha de cabeceira, experimentar uma escultura moderna de cristais de torbenite de formação natural provenientes da Cornualha, em Inglaterra. O quadrado de torbenite, que vai do transparente ao translúcido, e do verde-esmeralda ao verde-amarelado, reluz assente em finos e quebradiços segmentos de pedra opaca escamosa. A torbenite está associada aos minerais de Urânio e distingue-se pela radioactividade.

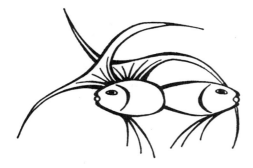

Primeira metade de Peixes
(19 de Fevereiro-5 de Março)

Cristal precioso: *diamante; água-marinha*

Os nativos de Peixes encontram-se numa situação especial. São influenciados por três luas: Tritão (satélite de Neptuno); Io (lua de Júpiter); e a Lua na nossa Terra. Todos eles são caracteres fortes e pedem possivelmente os serviços não apenas de uma pedra preciosa, mas de duas. O diamante azul-esverdeado é obrigatório para Neptuno, planeta bem fornecido de diamantes tal como já mencionámos e envolto numa cobertura de água e gases que, observados de longe, transmitem o apropriado tom azul-esverdeado pálido. Também Tritão produz este atraente colorido e é possível que tenha gerado o seu quinhão de diamantes, podendo o calor interno que se escapa ter provocado que nuvens de gás metano se tivessem transformado em carbono.

A água-marinha coincide com as três luas e com o próprio planeta Júpiter, graças à sua composição de alumínio, lítio, sílica, água, sódio e berílio. Tritão, com a sua densidade e crusta de tipo lunar, atmosfera de tipo terrestre e límpidas profundidades neptunianas, pede em particular esta pedra. Assim, os nativos da primeira metade de Peixes estão na verdade de parabéns por terem duas gemas tão belas.

A água-marinha tem 7 na escala de dureza (imediatamente acima do número de Neptuno) e surge com frequência em cristais gigantes apropriados ao tamanho dos seus dois monarcas planetários. Os antigos adivinhos observavam atentamente o seu interior luminoso. A gente simples pensava que estas pedras se formavam a partir das lágrimas solidificadas das sereias, que as guardavam no fundo do mar. Na Inglaterra renascentista, nenhuma dama que estivesse enamorada de um marinheiro o deixaria partir sem o seu amuleto azul. Hoje, a água-marinha encontra-se principalmente na América, Brasil, Índia, Birmânia, Madagáscar, Tanzânia, Zimbabué, Noruega, Rússia e Irlanda.

Segunda metade de Peixes
(6 de Março-20 de Março)

Cristal precioso: *kunzite*

Descoberta na América por volta de 1900, e designada a partir do nome do notável mineralogista dr. G.F. Kunz, a kunzite, cuja cor varia entre o lilás e o cor-de-rosa, atrai a admiração pela transparência e lustro intenso. Possui grande sensibilidade e é florescente. Quando submetida aos raios-X, brilha com uma forte cor vermelho-amarelada ou cor de laranja, que está de acordo com a coloração das nuvens e do satélite principal da subinfluência de Peixes (Júpiter), tornando-se depois verde-azulada, coloração associada tanto a Júpiter como a Neptuno. Ao ser reaquecida, volta ao seu tom original, equiparando-se às áreas rubras de Júpiter e às regiões mais claras de Plutão.

A kunzite denota alguma lealdade para com os seus soberanos celestes exibindo visíveis lampejos verdes com laivos de azul quando observada de um ângulo lateral. Em concordância com Neptuno e Plutão, contém um pouco de água; e, tal como ambos e Júpiter, contém esse elemento raro, o suave e argentino lítio, bem como o mais abundante dos minerais terrestres, o alumínio resistente à ferrugem.

A kunzite tem uma dureza aproximada de 7 (que também é o número de Neptuno) e uma gravidade específica de cerca de 3 (número de Júpiter). Tal como os seus poderosos regentes, desenvolve cristais de enormes dimensões: há notícia de um com 12,80m x 1,82m x 0,6m e 65 toneladas de peso!

Onde quer que surja a espantosa kunzite, surge também um outro cristal precioso de Peixes, a hiddenite. Baptizada com o nome de A. E. Hidden, o superintendente da mina em que foi descoberta em 1879, esta pedra é geralmente identificada com a kunzite no seu corpo e composição, mas tem vestígios da inclusão de crómio, desenvolve-se em cristais mais pequenos e tem uma fluorescência mais fraca. É designada com frequência por «esmeralda-de-lítia».

A êuclase transparente, cristal raro de aparência frágil com colorações de azul suave ou esverdeado, ou então incolor, constitui outra escolha para os nativos desta metade de Peixes. Difícil de encontrar e ainda mais raramente cortado para fins de joalharia devido à sua estrutura inadequada, esta gema de lustro brilhante possui o encanto de uma água-marinha. A êuclase contém alumínio e o raro elemento metálico berílio. Em correspondência com os seus monarcas celestes, e tal como a kunzite e a hiddenite, cabe-lhe o número 7 pertencente a Neptuno quanto à dureza, tem um peso imediatamente acima do número 3 de Júpiter e alguma água. Surge na Áustria, Bavária, Brasil, índia, Rússia, Tanzânia e Zaire.

Primeira metade de Peixes
(19 de Fevereiro-5 de Março)

Talismã: *smithsonite*

Esta pedra detém a suave tranquilidade da Lua, corpo celeste mutável desta área do zodíaco. Contém cálcio e magnésio, ambas de um branco prateado, cádmio, que é branco-azulado e tão macio que pode ser cortado com uma faca, cobalto, cobre e por vezes um pouco de ferro — tudo elementos que se harmonizam com o regente de Peixes, Neptuno, com a sua subinfluência, Júpiter, e com a Lua. É um importante minério de zinco, indubitavelmente o metal do artista e, por essa razão, apropriado a este signo solar.

Alcunhada de «osso-seco» devido à sua estrutura celular, a smithsonite aparece igualmente no mercado com o nome de bonamite e é uma recém-chegada ao mercado. Encontra-se na América, Grã-Bretanha, Namíbia, Grécia, Novo México, Sardenha e Espanha. A smithsonite é adequada aos que preferem a elegância discreta ao vistoso. Possui uma requintada gama de colorações suaves que vão do azul-acinzentado ao verde moderado e ao amarelo suave, todas correspondendo a Neptuno, a Júpiter e à Lua.

Um talismã particularmente adequado aos nativos da primeira metade de Peixes é o espato calcário acetinado, um mineral que vai do translúcido ao opaco, lembrando a seda crua de cor leitosa. Correspondendo a nível de cor à zona meridional de Júpiter, a todas com excepção de uma das treze luas de Neptuno, e até à nossa própria Lua, esta gema pertence ao clã do gesso, grupo de pedras que se formam frequentemente por acção química entre conchas e ácido sulfúrico libertado por decomposição de outros minerais (geralmente os que contêm ferro). Deste modo, o espato calcário acetinado tem um paralelo com elementos encontrados em Tritão. Ocorre em locais em que os vapores vulcânicos mostraram uma reacção à pedra calcária ou nas bacias de lagos, rios secos ou outros locais que contiveram água, tendo nisto um paralelo com a nossa Lua, massa mutável para esta área do zodíaco. Esta gema branco-pérola, composta de longos cristais solidamente ligados, contém água e cálcio, duas outras razões para que se sinta à vontade nos planetas exteriores mais frios e sem qualquer correspondência explosiva com o Sol.

Segunda metade de Peixes
(6 de Março-20 de Março)

Talismã: *crisópraso*

Este antigo «símbolo de recompensa» (de boas e de más acções) era colocado nos túmulos no Japão nos tempos anteriores à Idade do Ferro, e ao lado do gato deificado e da deusa de cabeça de leão Bast no Antigo Egipto. Era usado pelos ladrões romanos para atingirem a invisibilidade, por Alexandre Magno no seu cinto, e pelos Sumo-Sacerdotes judeus nos seus peitorais, além de constar como uma das doze pedras preciosas da Cidade Santa. Ainda que pareça não haver qualquer indício acerca dos locais em que os antigos mineravam esta beldade imaculada, sabe-se que os Romanos lhe chamavam *phrase,* que significa verde da cor do alho-porro, e que o nome grego *chrysos prasiolls* se traduz por «alho-porro dourado». As suas colorações espantosamente ricas tornaram-na excepcionalmente popular nos primórdios da época vitoriana em Inglaterra – até que o negro de azeviche do luto a fez desaparecer aquando da morte prematura do Príncipe Alberto.

Nas tonalidades alegres do verde maçã ao verde-lima, o crisópraso surge na vila de Malborough Creek, em Queensland, na Austrália, e

Califórnia, Brasil, Rússia e Tanzânia. Colorido por níquel, pertence à família da calcedónia, uma variedade de quartzo formado de cristais microscopicamente pequenos. O talismã de Peixes corresponde a Neptuno e a Júpiter pelo seu peso leve e coloração básica. Plutão, o planeta mutável desta área do zodíaco, também se compraz com a sua composição.

Um segundo talismã para os nativos da segunda metade de Peixes é a ágata de rendilhado azul. Aparecendo no mercado sob a forma de joalharia semipreciosa, cinzeiros, ovos e conjuntos de peças, trata--se de uma pedra opaca e macia azul-celeste. Ostenta a sua inocência em configurações rendilhadas de "um branco translúcido, e é, no conjunto, muito bela.

**Primeira metade de Peixes
(19 de Fevereiro-5 de Março)**

Rocha de cabeceira: *fóssil opalizado*

Um fóssil opalizado é um molde deixado por um objecto desintegrado que se encheu parcialmente de cristais de quartzo e mais tarde adquiriu opala para sua maior glória. Encontra-se nas áreas desérticas escaldantes da Austrália, outrora uma rede de regatos em que floresciam criaturas marinhas semelhantes às nossas ostras e mexilhões. Quando a água recuou, as criaturas que ficaram presas enterraram--se no lodo, acabando os seus restos por se tornar outras tantas câmaras espalhadas pela terra seca. Algumas abrigavam opalas preciosas, mas a maioria eram conchas de fósseis com uma fina camada superficial de opala, e o interior repleto de pedra opaca branco-acinzentada. Os fósseis opalizados, chamados belemnites, provêm dos ossos calcários dos chocos e lulas extintos ou de caramujos, que parecem ignorar as suas metamorfoses mas continuam a viver no movimento da cor e exibem incomparável beleza nesta preciosa forma final.

A madeira-fóssil é outra variante, magnífico exemplo de engenho, com maravilhosas colorações de opala dançando ao longo de sulcos deixados pelo produto desaparecido. As pinhas-de-fogo-opalizadas, do Virgin Valley, na América, constituem outra variante.

Os fósseis de opala foram escolhidos para os nativos do primeiro grupo de Peixes por terem uma dupla influência da água: o seu planeta regente, Neptuno, tem a mesma densidade que a água, ao passo que a sua massa mutável, a Lua, controla os movimentos da água a que chamamos marés. A opala detém mais água do que qualquer outro mineral – de um a vinte e dois por cento nas espécies pouco interessantes e sem valor, e de seis a dez por cento nas variedades mais preciosas. A maior parte das opalas contêm vestígios de ferro, e encontraram-se minerais com este elemento na nossa Lua encontrando-se decididamente presentes em Tritão. Quanto a Júpiter, subinfluência de Peixes, a opala é indicada por causa da sua densidade e da energia que emana através da cor e das suas mudanças.

Segunda metade de Peixes
(6 de Março-20 de Março)

Rocha de cabeceira: *fluorite e apofilite*

A fluorite tem geralmente um corpo básico branco, mas pode ser colorida nos tons mais suaves de rosa, verde, ametista, amarelo e azul. Ocasionalmente aparecem colorações mais fortes, mas até estas reluzem em harmonia com o carácter do mineral. De ocorrência frequente e fácil de obter êm qualquer parte, a fluorite adapta-se idealmente ao planeta regente dos nativos de Peixes, formando-se, como todos os membros do grupo do cálcio, em locais aquosos frescos.

Encontra-se muitas vezes em grutas de pedra calcária e como cimento natural em arenilo. Os seus cristais crescem normalmente em cubos e os mais duros e de melhor qualidade são cortados como pedras preciosas. Para os conhecedores ocidentais, o sedutor rosa--ocaso da Suíça atinge provavelmente o topo da escala de preferência, embora os Chineses prefiram os tons azuis para esculpirem as magníficas peças que parecem, mercê da sua força interior, atrair o observador para o seu interior. Sob luz ultravioleta, a fluorite emite um brilho glorioso – daí o termo «fluorescência».

A apofilite, outra rocha de cabeceira para os nativos do segundo grupo de Peixes, é também um mineral de cálcio relacionado com a água. Esta maravilha perlada e leitosa apresenta por vezes sugestões de ferrugem amarelo, verde ou cinzento nas suas clivagens, adquirindo assim a aparência de uma grande nuvem branca flutuando acima de um castelo feérico. Do ponto de vista do negociante, esta pedra não tem cristais lapidáveis, todavia os seus cristais são cortados com frequência sendo apreciados pelos coleccionadores. A versão nebulosa e etérea da apofilite surge principalmente na Índia, mas o México fornece uma variedade de ametista com laivos cor-de-rosa. Seja sob que forma se encontrar, raramente é opaca mas sim translúcida ou transparente.

Tanto a fluorite como a apofilite são adversamente afectadas pelo calor, o que as torna um paralelo adequado ao planeta Plutão. Quanto a Júpiter, ambas se lhe adequam através das suas cores, extensa ocorrência e teor de água.

Uma nota final para os nascidos sob o signo de Peixes: todas as pedras podem ser engastadas com diamantes, que parecem proliferar, como já explicámos, no seu planeta regente, Neptuno.

QUADRO RESUMIDO

SIGNO	MASSA REGENTE	DATAS APROXIMADAS	CORPO MUTÁVEL	CRISTAL PRECIOSO	TALISMÃ	ROCHA DE CABECEIRA
Carneiro	Marte	21 Março / 4 Abril	Sol	Diamante Róseo, Safira Rósea	Pedra-do-Sol, Heliotrópio (Sanguínea), Plasma	Cinábrio, Dolomite (Espato Nacarado), Quartzo
Carneiro	Marte	5 Abril / 20 Abril	Júpiter	Alexandrite, Rodonite	Bowenite (Sardónica) Cornalina	Jaspe Vermelho, Zoizite Rubi
Touro	Vénus	21 Abril / 5 Maio	Mercúrio	Esmeralda, Esmeralda Oriental (Safira-Verde)	Azurite, Malaquite	Marcassite, Pirite
Touro	Vénus	6 Maio / 20 Maio	Saturno	Andaluzite, Quiastolite, Esfalerite	Jadeíte Alfazema, Amonite Piritosa	Pedra Irlandesa das Fadas
Gémeos	Mercúrio	21 Maio / 5 Junho	Vénus	Safira Laranja (Padparadscha) Taafeíte	Ágata Musgosa, Uvarovite	Estaurolite, Verdite
Gémeos	Mercúrio	6 Junho / 21 Junho	Úrano	Crisoberilo, Olho de Gato	Jade do Transval, Granada Grossulária,	Rubelite e Lepidolite, Geode
Caranguejo	Lua	22 Junho / 6 Julho	Plutão	Adulária, Escapolite	Pérola, Quartzo Róseo	Aragonite, Calcite, Coral

SIGNO	MASSA REGENTE	DATAS APROXIMADAS	CORPO MUTÁVEL	CRISTAL PRECIOSO	TALISMÃ	ROCHA DE CABECEIRA
Caranguejo	Lua	7 Julho / 22 Julho	Neptuno	Opala de Água	Coral Vermelho	Rosa do Deserto, Selenite, Nódulo de Água (Enidro)
Leão	Sol	23 Julho / 6 Agosto	Júpiter	Diamante Amarelo	Zircão, Fenacite	Vanadinite, Moscovite
Leão	Sol	7 Agosto / 22 Agosto	Marte	Diamante Branco	Heliodoro, Esfena	Enxofre, «Bombas Vulcânicas»
Virgem	Mercúrio	23 Agosto / 6 Setembro	Saturno	Opala Negra	Labradorite, Granada Espessartine	Hematite Especular, Magnetite
Virgem	Mercúrio	7 Setembro / 22 Setembro	Vénus	Iolita, Carbúnculo	Olho de Tigre, Lava Vesuviana	Meteorito, Obsidiana
Balança	Vénus	23 Setembro / 7 Outubro	Úrano	Espinela, Topázio Branco, Cianite	Dioptase, Tsavorite	Cianite, Vavelite
Balança	Vénus	8 Outubro / 22 Outubro	Mercúrio	Safira Azul, Silimanite	Jadeíte Verde	Adamite e Limonite, Ilmenite
Escorpião	Plutão / Marte	23 Outubro / 6 Novembro	Neptuno	Rubi, Benitoíte	Fluorite	Estibina, Crocoíte

SIGNO	MASSA REGENTE	DATAS APROXIMADAS	CORPO MUTÁVEL	CRISTAL PRECIOSO	TALISMÃ	ROCHA DE CABECEIRA
Escorpião	Plutão / Marte	7 Novembro / 21 Novembro	Lua	Rodocrosite, Alexandrite	Ametista	Oquenite, Prenite, Quartzo
Sagitário	Júpiter	22 Novembro / 5 Dezembro	Marte	Turmalina Fosfofilite	Âmbar, Pedra de Eliat	Auricalcite, Crisocola
Sagitário	Júpiter	6 Dezembro / 20 Dezembro	Sol	Turmalina	Turquesa, Hauína	Bornite, Calcopirite, Ovo-de-Trovão
Capricórnio	Saturno	21 Dezembro / 4 Janeiro	Vénus	Topázio, Condrolite	Azeviche, Lazulite	Stichtite, Quartzo Castanho, Citrina, Ametista
Capricórnio	Saturno	5 Janeiro / 19 Janeiro	Mercúrio	Tanzanite, Opala-Ananás	Lápis-Lazuli	Cristal-de-Rocha Cabelo de Vénus
Aquário	Úrano / Saturno	20 Janeiro / 3 Fevereiro	Mercúrio	Peridoto, Brasilianite	Aventurina, Ónix	Wulfenite (Vulfenite)
Aquário	Úrano / Saturno	4 Fevereiro / 18 Fevereiro	Vénus	Diópsido Estrelado, Tugtupite	Jade, Cassiterite	Charoite, Torbenite
Peixes	Neptuno / Júpiter	19 Fevereiro / 5 Março	Lua	Diamante, Água-Marinha	Smithsonite, Espato Calcário Acetinado	Fóssil Opalizado
Peixes	Neptuno / Júpiter	6 Março / 20 Março	Plutão	Kunzite, Hiddenite, Euclase	Crisópraso, Ágata de Rendilhado Azul	Fluorite, Apofilite

Terceira Parte

PEDRAS QUE CURAM

Pedras que curam

Esta parte está dividida em duas secções. Primeiro, uma nota sobre a forma como a sua saúde é afectada pelas pedras e cristais. Segue-se uma lista das pedras curativas mais importantes, individualmente descritas, desta vez por referência ao seu carácter holístico e não às suas propriedades astrológicas. Este capítulo é seguido de um glossário de doenças e respectivo tratamento, em que se encontram incluídas muitas outras pedras. O leitor pode optar por consultar quer esta parte quer a precedente, astrológica, aumentando desta forma os benefícios que poderá tirar de ambas.

Saúde preciosa, pedras preciosas

A raiz de todas as doenças é o envenenamento através do desequilíbrio. O tratamento holístico baseia-se na teoria de que as doenças das partes perturbam o todo. Portanto o que é precioso, e o que a cura natural fornece, é um tratamento para todo o corpo. Não se limita a curar órgãos individuais, como a medicina ortodoxa é muitas vezes obrigada a fazer. É claro que esta última se torna com frequência indispensável — um osso partido não pode ser tratado esfregando-o com um cristal. O ideal seria combinar a medicina ortodoxa com as alternativas, resultando daí uma visível queda no uso das drogas medicinais e uma percentagem de recuperação mais rápida, com poucos ou nenhuns efeitos secundários.

Mas é necessária outra coisa – a auto-ajuda. «Médico, cura-te a ti mesmo» é uma boa máxima para todos nós e existem hoje inúmeras maneiras bem divulgadas de impedirmos a doença adquirindo ao mesmo tempo equilíbrio e bem-estar. Podemos fazer exercício, respirar correctamente e manter uma boa postura, deixar de fumar e de beber, e até fazer caminhadas descalços por praias isoladas para deixar que o silício actue nos nossos corpos através das plantas dos pés. É óbvio que não vale a pena recorrer a auxílios externos antes de nos termos determinado a fazer o esforço de nos ajudarmos a nós mesmos.

Infelizmente, poucas pessoas parecem ter compreendido este facto. A pessoa comum só se vira para a medicina natural depois de tudo o o resto ter falhado e de ter castigado e abusado durante anos do seu corpo sofredor. Assim, o praticante da medicina pelos cristais tem de tratar da destruição causada pelas drogas, acção devastadora do tempo e de muitas outras coisas, para além da doença imediata. Felizmente, os curadores holísticos são raras vezes materialistas. Estão prontos a dedicar muitas horas ao bem-estar de cada paciente, ao contrário dos médicos ortodoxos que são obrigados, pela necessidade, e reservar períodos de um quarto de hora (ou menos) aos doentes, passar-lhes uma receita e mandá-los embora. Assim, os métodos holísticos podem levar a cura ao nível mais profundo da origem da doença.

A parte anterior, dedicada às jóias do zodíaco, referia as ligações existentes entre as pedras e os planetas e signos astrológicos, demonstrando assim a forma como poderemos melhorar as nossas vidas vivendo em maior harmonia com o Universo. Isso é, só por si, uma contribuição primordial para a saúde. Esta parte vai mais longe. Descreve as propriedades curativas das pedras, como podemos utilizá--las para nos ajudarmos e de que modo os curadores nos podem ajudar através delas. Como é que isto sucede?

Toda a cura é uma transferência de energia de uma fonte para outra. Um curandeiro, pelo método natural, parece transmitir energia de maneira um tanto misteriosa, a partir da sua pessoa ou através dela para outro ser humano. A transferência dá-se por vezes das plantas para o homem ou do homem para as plantas. Muitas vezes o homem tira benefícios da vontade de um animal. Olhando com dedicação para os seus donos ou donas quando estão doentes os animais de estimação estão a desejar-lhes bem e, dessa forma, a curá-los. A moderna investigação confirma-o. O trabalho do Crawford Centre em Melbourne, na Austrália, as descobertas do Estudo Friedman, os resultados alcançados por especialistas tão distintos como Roger Mugford, consultor inglês sobre o comportamento animal, e Aaron Fletcher da Universidade da Pensilvânia, apontam para a mesma conclusão: os donos de animais de estimação vivem mais tempo e sofrem menos de doenças do que os que não têm este tipo de companhia.

Mas este capítulo diz respeito às gemas da Terra, que são matéria na sua forma mais pura e curam transmitindo energias recolhidas no resto do Universo a que estão ligadas pelos seus elementos e composição. Quando estamos doentes, tristes ou deprimidos, isso quer dizer que deixámos de estar sintonizados com as nossas estrelas. Pelo seu poder de transmitir as energias que nos são vitais, os minerais podem restaurar o equilíbrio.

Como primeiro passo no processo da autocura elementar, faça pois uso das suas pedras de nascimento: tome consciência dos seus poderes, afague-as, use-as, coloque-as perto de si e olhe-as. À noite elas podem curar se forem colocadas numa mesa-de-cabeceira ligeiramente acima do nível da cabeça — debaixo da cama ou do colchão não dá tão bons resultados.

Estude depois as descrições das pedras que constam das páginas seguintes e que se concentram especificamente nas suas propriedades curativas e a lista de doenças, tanto físicas como psíquicas, e das pedras que podem ajudar a curá-las. No processo da cura pelas pedras, a energia emana da pedra com força incontrolável. Mas, primeiro, tem pelo menos de ser aquecida à temperatura ambiente e talvez friccionada para activar as vibrações. São estas vibrações que actuam no paciente, corrigindo os seus ritmos pessoais. É a pedra que faz o trabalho, em virtude da sua proximidade. O paciente só tem que deixá-la actuar.

Mas para além deste simples processo de esforço pessoal, existe a antiga arte de curar os outros — arte essa posta de parte durante os séculos materialistas mas que regressa agora. Como pode uma pessoa saber se possui ou não este poder? Decerto nada deve a méritos académicos, esperteza ou inteligência. É antes uma questão de concentração e sensibilidade. São estas qualidades e apenas estas que desbloquearão a essência de uma pedra; cada um terá que descobrir por si se as possui ou não. Há apenas que recordar, uma vez que a cura pelas pedras pode alargar a alma ou o espírito obstruídos e bloqueados pelos excessos de pensamento racional, que a mente do curador deve por sua vez ser liberta de resíduos antes de se poder dar início a um trabalho útil. De recordar também que as listas que acabámos de mencionar, que se destinam evidentemente a ser utilizadas tanto pelo curador de outros como pelo indivíduo que aplica um remédio a si mesmo, se baseiam apenas em descobertas de carácter geral. A perícia e as vibrações pessoais do praticante são igualmente um factor a ter em conta, devendo as listas ser utilizadas como meio para a experiência livre.

De notar também que há algumas receitas antigas de pós. São incluídas por curiosidade para ilustrar algumas ideias remotas. Não são de forma alguma defendidas pela autora. A virtude das pedras preciosas reside na sua cor, seu poder de reflexão e na sua energia.

Mas, antes do mais, por onde começa o candidato a curador? Como se desenrola o processo de cura?

A cura é conduzida por meio de uma pedra, um pouco como a contemplação de um cristal. Para o noviço, a melhor escolha é um pedaço de cristal-de-rocha da variedade quartzo, de quatro a cinco centímetros de comprimento, que deve ser purificado, antes de ser utilizado, em água doce pura, de preferência água mineral, e seco ao sol ou pelo menos ao ar. *Não deve ser limpo com uma toalha* porque os pêlos que a ele aderem reúnem energia negativa. A água salgada, que deixa uma película indesejável à superfície, também não é acon-selhável para este processo de purificação.

Para harmonizar a sua mente com o mineral, ponha a tocar uma música suave. Pouse depois o cristal ao nível dos olhos ao lado de uma vela acesa e foque a chama. Isto terá como efeito a anestesia do nervo óptico impedindo as distracções, que é o que acontece na contemplação de um cristal. Com os olhos semicerrados observe a luz a expandir-se e deixe que o clarão ilumine os cantos mais remotos da sala. Inspire profundamente, depois expire com lentidão, focando sempre a atenção no cristal.

Transporte-se agora em imaginação para algum cenário particular-mente do seu agrado, e pense que se encontra lá. Quase de imediato, o seu ritmo vibratório pessoal começará a ajustar-se ao do cristal e os seus canais superiores desobstruir-se-ão. Leve então o cristal para um local claro e sereno, dentro ou fora de casa e, sem a vela, concentre-se na pedra até a sua luz se expandir. Deixe que o campo de energia da pedra se espalhe pelo ar em redor enquanto inspira as vibrações do cristal. Por seu lado, ao expirar, as suas transferir-se-ão para o cristal.

Traga o seu cristal consigo, afague-o constantemente e, quando estiver só a qualquer hora do dia ou da noite, imagine o seu corpo, a sua mente, e o cristal em perfeita harmonia. Depois de uma má experiência ou de um dia cansativo, limpe a sua pedra com água mineral e deixe-a secar como já descrevi. Se for preciso, acenda a vela e recomece o processo. Verificará que o cristal lhe dará paz, actuando na sua mente como um *chip* de memória num computador.

Daí em diante, para aqueles que se considerarem dotados desta faculdade, a cura de outros será um passo fácil. Lembre-se apenas de que, embora cada variedade de pedra preciosa tenha as suas vibrações individuais próprias e, logo, o seu próprio potencial de energia e poder, ela não pode transmitir e ampliar essas forças antes de ser estimulada quer através do calor quer da manipulação.

A ampliação da energia do cristal é a chave da cura através deste meio, em que é evocada uma imagem mental do paciente, envolta na luz do cristal. Na maior parte das vezes, quando tal é feito, as áreas verdadeiramente afectadas, que podem ser distintas daquelas em que a dor ocorre, revelar-se-ão em manchas ou erupções de cores turvas ou iradas, desfigurando a luz constante que constitui o que é conhecido por aura. Esta última, uma espécie de arco-íris de cores em redor da cabeça, pode ser um fenómeno genuinamente multicolorido, mas apresenta em geral uma predominância de dois ou três tons. Os coloridos fortes e distintos e a clareza, são da maior importância na aura saudável. Se estas cores são interrompidas ou embotadas, o praticante pode corrigi-las alimentando-as com a energia de outra gema pelo olhar da mente. As pedras da família do zircão, ostentando uma bela luz e gama de cores, são em geral as melhores para este fim, mas como os zircões são caros ou difíceis de obter, a solução pode muito bem ser uma visita ao museu local.

Aí, o aprendiz de curador pode estudar minerais seleccionados não mais de quatro ou cinco de cada vez — e, tendo-os observado cuidadosamente, regressará a casa, pegará no seu cristal-de-rocha e deixará que a imagem da pedra ou pedras estudadas no museu operem através dele no paciente. Se, no entanto, for possível adquirir a gema, coloque o zircão junto do cristal-de-rocha ou na palma da mão e concentre-se totalmente na área doente, para lhe transmitir a cura e a força. Mantenha a aura o mais firme que lhe for possível no olhar da mente durante alguns segundos e banhe-se em seguida mentalmente com a luz do cristal-de-rocha. Por fim, estabilize a aura do mesmo modo com labradorite.

Toda a matéria vegetal e animal irradia continuamente triliões de finas setas azuis celestes – manifestação e indicador físicos da força vital – que rodeiam o corpo e fluem livremente com uma força fixa e constante quando o paciente se encontra bem, mas que, quando a vida corre perigo ou o paciente está fraco, se tornam erráticas ou esparsas. Trabalhando com o mesmo cristal-de-rocha, o topázio claro (branco) ou a água-marinha, o curador tentará aliciar as emanações a regressar à sua forma devida. Se o paciente reagir, proceda suavemente, da maneira acima descrita, com rodonite ou rodocrosite. Estas pedras têm o poder do amor sem obstruções. Use a rodonite para o paciente de idade madura, a rodocrosite para o jovem. Para as plantas e animais, siga o método descrito com um banho de dioptase.

Embora as técnicas descritas possam ser utilizadas com o paciente presente, quase todas são aplicáveis ao ramo da arte conhecida por cura à distância em que o paciente se pode encontrar em qualquer lugar – noutra sala, noutro país ou noutro continente e o mais provável será não saber que a cura está a ter lugar. Devido à sua qualidade esotérica este tipo de cura é de facto a melhor. Mas, quer o paciente se encontre presente ou ausente, a sua primeira necessidade será ter paz. Isto implica que o curador deve estar por sua vez relaxado e tranquilo, capaz de fazer pleno uso das suas gemas com as propriedades e poderes de cura respectivos.

Falou-se já neste capítulo das vibrações dos minerais. Poucos são os que têm suficiente sensibilidade para as sentir, mas eis um método de aprender a fazê-lo que exige apenas um pouco de paciência.

Comece com um ninho de cristais de ametista. Esfregue primeiro as palmas das mãos e coloque depois as mãos estendidas sobre as pedras. Mantenha-as assim durante alguns segundos. Se não sentir uma sensação de frescura, volte a tentar, e depressa a sentirá. Este exercício foi demonstrado a muitos incrédulos, no departamento de rochas dos armazéns Harrods em Knightsbridge, em Londres. As suas mudanças de expressão, da descrença para o espanto, e a alegria quando o sentiram foram uma visão memorável.

Energia através da cor

Três outros factores na cura pelas pedras merecem finalmente especial consideração. O primeiro é a cor e a sua importância como fonte de poder. É mais do que evidente que a cor é um dos grandes prazeres da vida. Deslumbra-nos nas pinturas de um Gainsborough ou de um Van Gogh. Reagimos pela emoção ao espectáculo de um belo pôr-de-sol. Exaltam-nos os sentidos e purificam-nos a alma. Ter-nos-emos alguma vez dado conta de que também restauram o nosso corpo?

Os nove *chakras* – ou auras, referidos na ilustração da p. 140 – são os principais centros de energia do corpo e funcionam através da cor. Cada um reage a um conjunto particular de vibrações de cor que transmite à área do corpo sob o seu controlo, quer directamente quer através de outros pontos de energia de menor importância. Desta forma desempenham o seu papel principal, que consiste em fornecer a cada um de nós ajuda física, psicológica e espiritual.

Cada ponto de energia pode operar com maior eficácia se conjugado com uma pedra apropriada e terá mais poder no dia da semana tradicionalmente associado à sua cor dominante, facto confirmado pelo antigo saber esotérico.

A ilustração referida mostra estas correspondências. No dia da semana indicada foque a mente na cor e pedra apropriada (quando houver mais de uma pedra escolha a da sua preferência), concentrando o pensamento na área do corpo controlada pelo ponto de energia durante cerca de cinco minutos. Se sentir o corpo particularmente esgotado, este exercício pode ser efectuado mais do que uma vez por semana – isto é, em dias não necessariamente ligados ao ponto de energia em questão. Aqui, como em todos os outros aspectos da prática holística, o êxito virá com a experiência.

O poder curativo dos CRISTAIS

Os nove principais centros de energia do corpo humano (Chakras)

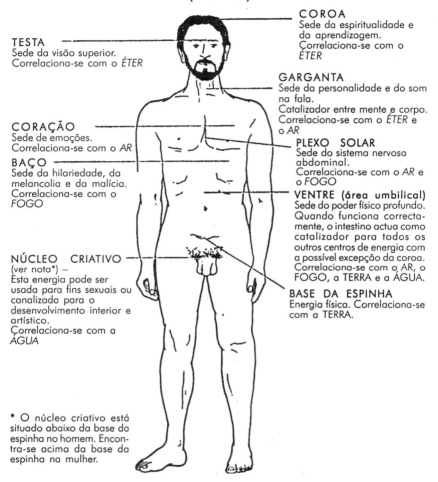

TESTA
Sede da visão superior.
Correlaciona-se com o ÉTER

CORAÇÃO
Sede de emoções.
Correlaciona-se com o AR

BAÇO
Sede da hilariedade, da melancolia e da malícia.
Correlaciona-se com o FOGO

NÚCLEO CRIATIVO
(ver nota*) –
Esta energia pode ser usada para fins sexuais ou canalizada para o desenvolvimento interior e artístico.
Correlaciona-se com a ÁGUA

COROA
Sede da espiritualidade e da aprendizagem.
Correlaciona-se com o ÉTER

GARGANTA
Sede da personalidade e do som na fala.
Catalizador entre mente e corpo.
Correlaciona-se com o ÉTER e o AR

PLEXO SOLAR
Sede do sistema nervoso abdominal.
Correlaciona-se com o AR e o FOGO

VENTRE (área umbilical)
Sede do poder físico profundo. Quando funciona correctamente, o intestino actua como catalizador para todos os outros centros de energia com a possível excepção da coroa.
Correlaciona-se com o AR, o FOGO, a TERRA e a ÁGUA

BASE DA ESPINHA
Energia física. Correlaciona-se com a TERRA.

* O núcleo criativo está situado abaixo da base da espinha no homem. Encontra-se acima da base da espinha na mulher.

Ponto de Energia	Cor	Dia	Mineral
Coração	Verde forte	Segunda	Dioptase, Malaquite
Núcleo Criativo	Vermelho	Terça	Âmbar-avermelhado
Base da Espinha	Vermelho	Terça	Opala de Fogo, Espinela vermelha
Coroa	Rosa-violáceo	Quarta	Safira Rósea, Kunzite
Garganta	Verde-azulado	Quinta	Crisópraso, Turquesa
Plexo Solar	Amarelo	Sexta	Citrina Amarela, Heliodoro
Testa	Anil	Sábado	Lápis-Lazuli, Azurite, Iolite,
Baço	Laranja	Domingo	Zircão Laranja, Padparadscha
Ventre (área umbicial)	Branco/ /Azul pálido	Diariamente	Topázio Branco, Água-Marinha

Cuidados e limpeza

Tal como todos os outros objectos belos e preciosos – para não mencionar as pessoas – as pedras merecem ser tratadas com grande cuidado. Comece por recordar as suas origens nas entranhas escuras da Terra e a sua subsequente estada, que pode ter durado muitos séculos, perto da superfície mas em regiões muitas vezes frias e húmidas. Trate-as, pois, tal como este fundo sugere. Mantenha-as num recipiente à prova de poeira e, excepto em raríssimos intervalos, protegidas de toda a luz forte. Aquilo de que aqui se fala em particular são minerais no seu estado natural. As pedras preciosas que foram lapidadas e polidas são evidentemente endurecidas para fins de manuseamento e de exibição. Também são delicadas, como veremos adiante. Mas as pedras por lapidar mantêm-se tão vulneráveis e sensíveis como no momento em que foram retiradas da terra. Trate-as com a mesma gentileza e respeito com que trataria uma fina e antiga folha de papel de arroz!

Passemos agora à limpeza propriamente dita. Se uma pedra estiver muito suja, por exemplo com lama ou terra (estado em que uma pedra por lapidar pode muito bem encontrar-se quando se adquire), comece por molhá-la em água fria para amolecer a sujidade, que pode então ser removida com a ajuda de uma escova de dentes de pêlo macio. Tenha o cuidado de nunca lascar, arranhar ou picar a pedra, que poderia facilmente ser danificada. Se se verificar que, em vez de sujidade, se encontram minerais estranhos sobre a pedra, leve-a a um museu ou à loja de um lapidário e peça a um perito que os remova.

A limpeza de pedras é mais complexa do que se poderia pensar, e é surpreendente que os poucos livros que tratam de minerais se dêem ao trabalho de a mencionar. Por exemplo, é errado supor que todos os minerais e ninhos de cristais podem ser lavados em água corrente.

Pelo contrário, isto pode provocar a sua desintegração. Os membros da família do gesso (por exemplo, a rosa do deserto) dão-se particularmente mal com a água. Tal não será de supreender, visto encontrarem-se entre os principais constituintes do gesso de Paris, dos fertilizantes e do cimento. O mesmo se aplica à calcite, composto básico do giz e da pedra calcária. Outros minerais incluídos na lista de risco são a apofilite, o enxofre, a halita, a natrolite, a adamita e a auricalcite, juntamente com todos os cristais pulverulentos como os que muitas vezes se encontram na azurite, na calcopirite, na bronite e na citrina, sendo esta última, quase invariavelmente, ametista reaquecida pelo homem. Se estes minerais estiverem empoeirados, é melhor soprá-los e colocá-los junto de uma ventoínha eléctrica ou num local abrigado que esteja também exposto ao vento, ou então escová-los com um pequeno pincel da melhor qualidade ou com uma escova de limpar lentes de máquinas fotográficas.

A maior parte dos cristais grandes como a turmalina, a água-marinha, o cristal-de-rocha e outras variedades de quartzo podem ser limpos em água corrente, lavados em água da chuva ou até em água tépida com uma gota de detergente e de amaciador. Tenha o cuidado de a seguir os passar por água limpa porque a película dos produtos químicos não só diminuirá o lustro da pedra como atrairá também energia negativa. Depois de a lavar, deixe a pedra secar num local à sombra, ao ar livre ou dentro de casa sobre uma folha de papel limpo. Uma toalha deixa partículas de fibra indesejáveis. E com algumas pedras — em particular a malaquite, a azurite, a crisocola e a fluorite — os detergentes são de evitar.

Passando agora às gemas da variedade lapidada e ornamental, eis alguns conselhos para o seu tratamento. *A opala sólida* quando não estiver a ser usada, e em particular se estiver guardada numa sala com ar-condicionado, num cofre bancário ou numa caixa forrada a veludo, deve ser colocada num saco de plástico aberto e com uma gota de água. Deve ser imersa em água fria uma vez por mês e *nunca* deve ser usada enquanto se tomam banhos de sol. Se tal acontecer inadvertidamente, o mais rápido possível volte a prover a sua estrutura sedenta com um pouco de líquido.

As opalas duplas e *triplas* devem permanecer tal como são encontradas, pois se tocadas por uma gota de água ou acidentalmente expostas ao calor, podem ficar brancas, sair do seu suporte ou separar-se da sua cúpula de cristal.

O âmbar e *o azeviche* possuem intenso lustro, arranham-se facilmente, tornam-se mates em contacto com os ácidos do corpo e perfumes, e têm pontos de fusão baixos. Devido aos seus caracteres frágeis, ambos se desintegrarão e poderão até fender-se por exposição ao ar. Para deter este processo, ainda que não sejam usados, deve poli-los regularmente com um pano macio impregnado de cera de abelha ou com uma cera para móveis. Não deixe que outras peças de joalharia entrem em contacto com eles — a sua maciez levá-los-á a entrar em atrito. Guarde-os no escuro envolvidos num pano macio. Quando em forma de contas, enfie-as em seda ou algodão – o metal danificá-las-á irreparavelmente.

A *turquesa* pode ser polida com um pano macio, mas deve ser mantida longe do calor para não se derreter. Sofre uma rápida descoloração através do contacto com as gorduras do corpo. Os ácidos do corpo também causam descoloração, portanto use a turquesa por fora do vestuário. As peças de joalharia de *fluorite* e *dioptase* devem ser protegidas com encastoamentos altos.

A *hematite*, perderá infelizmente o seu brilho após cerca de seis meses de uso contínuo; não há nada a fazer. O *jade* e a *jadeíte* são resistentes, mas quebram-se se levarem uma pancada.

As *pérolas* são pedras preciosas em relação às quais é difícil dar conselhos, visto haver muitos tipos. Regra geral, um champô leve não lhes fará mal, mas não devem ser submetidas aos líquidos preparados para a limpeza de jóias, a sumo de limão ou a qualquer ácido.

A *madre pérola* e o *coral* devem ser limpos da mesma maneira que as pérolas, as conchas, o marfim e todas as peças de joalharia em geral.

Os *diamantes* podem ser mergulhados em líquidos próprios e limpos com uma escova macia e um pouco de champô. Há quem adicione amoníaco, mas não é aconselhável. Os joalheiros limpam muitas vezes os diamantes por aquecimento ultra-sónico da água (isto é, aquecimento através de ondas sonoras de alta frequência). Trata-se de uma prática perigosa, uma vez que a mais pequena falha num cristal pode originar uma pedra fendida. Pela mesma razão as *esmeraldas* que possuem estrias naturais de cor, bem como inúmeras falhas e inclusões, podem ser destruídas nor este método. Limpe antes as esmeraldas em água tépida com um pouco de champô e passe-as a seguir por água limpa.

Os *rubis, safiras, topázios, espinelas* e *zircões* são outras pedras preciosas que não devem ser causticadas pelos ultra-sons, uma vez que é frequente perderem a cor. É preferível mergulhá-las em champô e amaciador.

Essa pedra famosa que é o *lápis-lazuli* parece conseguir manter-se limpa sozinha, mas se for tratada com pouco cuidado precisará de um polimento profissional de vez em quando.

O cuidado e limpeza de minerais e cristais é um vasto tema, que nem uma vida inteira de estudo bastaria para dominar, mas o segredo é o cuidado e o respeito. Nenhum possuidor ou utilizador de pedras que cultive esse espírito se poderá desviar muito do procedimento correcto.

Purificação esotérica

Esta pode considerar-se um complemento dos cuidados práticos e dos estranhos e maravilhosos rituais que a ela se ligaram ao longo dos séculos. Aqui está um método autêntico.

Sente-se de pernas cruzadas com as costas das mãos apoiadas nas coxas na posição de pirâmide e a pedra colocada ao nível da testa. Em imaginação, rodeie a pedra de luz e leve-a para uma praia, de forma a ser atingida pelas ondas. Basta manter esta visão durante alguns minutos, uma vez que o oceano é um desinfectante natural e altamente terapêutico. A sua pedra está agora a recuperar harmonia através da areia rica em silício, que é o elemento mais abundante da Terra e aquele com que todos os minerais e cristais se harmonizam.

Ainda em imaginação, transporte a sua pedra para um regato de montanha e mergulhe-o. Finalmente, deixe-o secar ao fogo com incenso – uma resina aromática obtida das árvores asiáticas e africanas.

Depois desta operação meditativa imaginária, lave fisicamente a sua pedra em água mineral – pode ser engarrafada – e deixe-a secar naturalmente à sombra. Purificada como deve estar, tanto física como espiritualmente, é agora um meio perfeito para o acto da cura esotérica.

Técnica de meditação

A heroína da Resistência, Odette Hallowes, que recebeu o título de MBE (*Member of Order of British Empire*) em 1945, a *George Cross* em 1946 e a *Légion d'Honneur* em 1950, aliviava a dor excruciante sofrida às mãos dos seus algozes por meio de uma técnica hoje pouco considerada pela maioria das pessoas pragmáticas: a técnica da meditação. A sua salvação foi concentrar-se na luz em constante mudança emitida por um anel de opala que lhe fora – por sorte ou talvez pela providência – deixado no dedo, utilizando desta forma um meio de escape mental de um sofrimento físico insuportável, meio esse semelhante ao que se sabe ter sido empregue por outras vítimas de tortura. Será por coincidência que a opala tinha nos tempos antigos a fama de ser «a pedra da justiça» e «a ponte do arco-íris entre o céu e a terra»?

A meditação, essa chave para transcender os cuidados terrenos, pode valer-se de muitas ajudas, incluindo os cristais e as pedras. Aqui está uma bela técnica que um amigo meu aprendeu com uma xamã de uma tribo norte-americana.

Para a praticar necessita de uma manta, uma pena grande (o meu amigo servia-se de uma pena de arara de cores brilhantes), quatro paus de incenso, um cristal-de-rocha pelo menos com dez centímetros de comprimento, um cristal mais pequeno ou uma pedra ornamental à escolha e um espaço calmo obscurecido onde trabalhar.

Para começar, tendo escolhido o motivo para meditar, aloje-o firmemente na sua mente e escreva-o em quatro pedaços de papel separados. Coloque-os em seu redor juntamente com os quatro paus de incenso, posições norte, sul, este e oeste. Estenda a manta no chão e agite bruscamente a pena no sentido de afastar quaisquer vestígios de influências negativas. Se nesta altura achar que o aroma do incenso o está a estontear, pode apagá-lo.

Sentado, de pernas cruzadas sobre o cobertor, pouse as costas das mãos sobre as pernas, coloque o cristal grande na palma direita e a pedra mais pequena na esquerda. Esta atitude é conhecida por posição «casa-do-poder» e forma um triângulo, fazendo eco da forma das pirâmides. Respire regular e profundamente, expirando todo o ar de cada vez. Feche ou semicerre os olhos e imagine o seu corpo na mesma postura rodeado de luz. Atraia a luz até que toda a sua plenitude chegue ao papel colocado perto do incenso. Veja o motivo em todos os ângulos, deixe que impregne o seu ser, compreenda por que se encontra ele ali, o que deve fazer acerca dele e a quem o deve passar – se tiver de o passar a alguém. Por vezes, quando sujeito a este escrutínio aprofundado sem pestanejar, apercebemo-nos da falta de mérito do motivo. Nesse caso, é pô-lo de parte.

Se passar o motivo a papel, ou se fixá-lo na mente se mostrar tarefa demasiado difícil, tente um método alternativo. Depois de ter posicionado o corpo na postura «casa-do-poder» e de se rodear de luz, imagine uma roda com sete segmentos de cor. Estas são as cores do arco-íris: vermelho, alaranjado, amarelo, verde, azul, anil e violeta. Gire a roda. Quando o movimento parar, verá o motivo num dos segmentos. Então, tal como no primeiro exercício, detenha-se nele, observe-o com muita atenção e, se apropriado, aplique-lhe os poderes da cura. E, tal como antes, pense na forma de utilizar esse poder para benefício de outros.

Chegada a altura de dar por concluída a meditação, nunca lhe ponha termo abruptamente, pois que enquanto a mente esteve a funcionar os sentidos físicos estiveram adormecidos. Desperte-os suavemente sem deixar de manter a postura «casa-do-poder». Deixe que a imagem se desvaneça até distinguir apenas cor ou luz. Respire mais uma vez profundamente e restitua o corpo à vida mexendo os dedos dos pés, das mãos, a cabeça, os membros e o tronco. Levante-se devagar e termine por um longo gole de água fresca, de preferência energizada pela presença de fluorite, uma pedra que leva oxigénio à corrente sanguínea.

Se tiver tempo e inclinação para tal, deite-se no chão, cubra-se com a sua manta de meditação e deixe-se adormecer. Ao acordar sentir-se-á forte, repousado e feliz. Verificará com frequência que problemas sobre os quais nem sequer meditou terão igualmente sido resolvidos!

A meditação pode ser praticada durante o dia ou de noite, com propósitos diferentes. A meditação nocturna é geralmente praticada como fim de alargar a mente, ao passo que a meditação diurna é para a energia física, alimento do corpo e do espírito e fins curativos. O melhor de ambos os mundos pode, por assim dizer, ser obtido pela meditação de madrugada. Não há necessidade de ficar a pé sozinho para o fazer. Melhor ainda é fazê-lo com amigos. Antes de se lançar nesta aventura eufórica, tome um copo de água que tenha ficado exposta ao ar nocturno. Se lhe agradar um elixir deixe ficar uma água-marinha, pedra da força vital, no copo. Escolha como ponto estratégico uma colina, um penhasco ou outro local do mesmo género com vista para o horizonte oriental, e procure um ponto em que se sinta confortável. Descalce-se, mantenha-se de cabeça descoberta e disponha os cristais ao seu lado. Coloque-se na postura «casa-do-poder» e certifique-se de que as palmas das suas mãos se encontram expostas aos primeiros raios de luz que anunciam o Sol e iluminam o céu. Beneficiará dos iões positivos que chovem sobre aTerra – magnésio, alumínio, ferro e zinco, entre outros.

A partir daqui é tudo tão fácil como se estivesse em voo automático. Goze dos efeitos atmosféricos do nascer do Sol. Medite e saiba que este é um momento oportuno para ministrar a cura aos outros.

A meditação ao pôr-do-sol pode ser igualmente terapêutica, em especial depois de o ter observado. A única preparação que eu faço pessoalmente para este exercício é usar na cabeça uma faixa de algodão com um cristal-de-rocha e uma lasca de azurite. Também se poderá usar um pingente ou colar de cristal e pegar na azurite. Em conjunto, estes minerais reúnem os iões adequados para o período entre a noite e o dia, quando o centro do Sol está abaixo do horizonte e o lado passivo da Natureza se prepara para dominar o activo.

Antes de meditar, há regras básicas que devem ser seguidas. Devido às vibrações negativas apanhadas pelo próprio e pelos outros, é aconselhável começar por um banho e, dado que durante a meditação a temperatura do corpo desce por vezes um pouco, mantenha-se quente e confortável. Nunca tente praticar a meditação de estômago cheio ou depois de consumir álcool e jamais numa sala cheia ou onde possa ouvir o ruído de uma discussão ou de uma festa.

Para além destas não há outras regras. A meditação é sempre terapêutica, com ou sem pedras. Moisés serviu-se dela na montanha, antes de receber os Dez Mandamentos, e os maiores sábios recorreram a ela. Uma coisa é certa: o candidato a curador através das pedras nada conseguirá sem calma e recolhimento, que é o que a meditação, quando devidamente praticada, assegura.

Pedras preciosas, saúde preciosa: as pedras que curam

Água-marinha

Toda a energia tem a sua cor e a energia da força vital do nosso corpo é azul celeste. Esta é a cor da Terra vista do espaço, e a coloração reflectida no azul da água-marinha.

Quando avaliam a saúde de uma pessoa, muitos praticantes da cura pelos cristais servem-se de uma água-marinha para observar a força vital que as rodeia, que se manifesta aos que são suficientemente sensíveis para a ver em triliões de finas setas azuis. Se esta energia irradiante é fixa e de força constante em todo o seu fluxo (isto é, se não for irregular), está tudo bem. Se, no entanto, se verificar que enfraquece aqui e além, os indícios são os de a força física estar em declínio. Neste caso deve aplicar-se a cura aos centros internos através do *chakra* da garganta, usando a água-marinha como estabilizador. Quando as setas azuis se fortalecem, o paciente começa a recuperar. Se a força vital insistir em abandonar o corpo, o que quer dizer que a pessoa está a morrer, a água-marinha pode sustentá-la durante algum tempo até a pessoa que vai partir se encontrar preparada. Mas o curador deve agir com cuidado. Se a força vital for sustentada durante demasiado tempo a pessoa moribunda sofrerá com isso.

A água-marinha teve outrora o título de «toda a vida». Os Romanos prezavam a sua forma natural de seis lados, usando por isso brincos de água-marinha, decoração muito apreciada, com os seus cristais por lapidar, visto que não compreendiam que uma pedra pudesse ser cortada ou até transformada em pó continuando a reter as suas propriedades originais, encortrando-se os «blocos de construção» internos dos átomos e moléculas da pedra tão presentes como dantes. A água-marinha é uma gema que deve ser escutada e não «mandada». Os seus poderes dependerão da receptividade do seu possuidor e ela actuará ao nível que eles forem capazes de alcançar.

Afora as virtudes a ela atribuídas no passado, os praticantes modernos verificam que esta pedra-maravilha azul melhora a vista, acalma a irritação ocular, é um bálsamo eficiente para os pés inchados e um belo calmante para emoções e nervos destrambelhados. Sendo a sua essência líquida, refina as faculdades da mente intuitiva e afasta as vibrações discordantes.

Alexandrite

Eis uma pedra de espantosas propriedades ópticas. De dia, a sua cor é de um intenso verde relva. A luz artificial sofre uma transformação, passando a um suave vermelho columbino ou a um delicado tom de framboesa. Uma vez que o verde é a cor da vegetação nova e o cor-de-rosa o tom do amor imparcial, o nome russo da alexandrite, «pedra de bom augúrio», não podia ser mais apropriado.

A alexandrite tem uma carga eléctrica positiva que se mantém durante horas após ter sido friccionada e um factor de energia que muda com a cor. Mas, por potente que esta pedra pareça, irradia sensibilidade. Na cura física ultrapassa a afecção real e vai direita à raiz do problema, actuando na cabeça e nas áreas espinais, reequilibrando eficazmente o seco, o húmido, o quente e o frio nas suas proporções correctas. Usada de dia e de noite, as suas propriedades benéficas em breve se tornarão evidentes. Sente-se a cabeça mais liberta, a memória melhora, a visão fica mais nítida e os músculos do pescoço ficam livres de tensão.

A alexandrite é cara porque é rara. Sendo uma variedade do crisoberilo, foi descoberta apenas em 1831 e, comparada com a maior parte das gemas, a sua história é curta. Ainda que os testes realizados com o fim de comprovar a sua eficácia na medicina natural devam continuar, provou já o seu valor. Transmite paz interior desenvolvendo a magnanimidade de coração, e deve ser apreciada e usada extensivamente.

Âmbar

Esta resina endurecida pelo tempo está associada à abundância de poderes curativos, e com razão. *Retsina*, o vinho grego resinado curado em pinho, suaviza as gargantas irritadas e alegra os espíritos deprimidos, enquanto que o método da Natureza para a vegetação ferida é curar os golpes de uma planta com a sua própria secreção de cola vegetal. Os unguentos antigos formados por âmbar em pó misturado com várias combinações de óleo eram igualmente aplicadas nas feridas humanas, mas o poder real desta pedra reside na cura de males do peito como a asma, bronquite, tosse, garganta inflamada, dores de cabeça causadas por inflamação do peito e da garganta e dores de dentes.

Alguns curadores modernos estão a voltar ao velho costume de misturar âmbar em pó com mel como medicamento por via oral. Atenção! Muitas vezes isso não é mais do que um expediente para ganhar dinheiro e pode ser perigoso para os que o tomam. Não ingira tal mistura a não ser a conselho de um praticante médico ortodoxo. O âmbar é eficaz em uso externo e é desta forma que deve ser usado.

Para fins curativos, use-o entre os níveis do peito e das orelhas ou, se preferir trazê-lo consigo – isto é, usá-lo como pedra-de-toque – meta-o num bolso de cima ou num saquinho de seda num fio pendurado ao pescoço. Não cubra o *chakra* da garganta – o âmbar tem vibrações inadequadas para esta área. Não use um pedaço grande de âmbar durante um período muito longo. O âmbar tem tendência para manter a energia da pessoa que o usa a circular para o interior em vez de a deixar fluir para fora, tolhendo desta forma a sua força física.

Usado devidamente, traz benefícios a todos os níveis. Para fins de meditação use apenas o tipo fluorescente límpido que se encontra na República Dominicana e na Sicília. As variedades opacas têm um carácter mais suave e promovem a compreensão em relação aos outros, talvez por conterem triliões de bolhas de ar submicroscópicas e possivelmente gotículas de água e/ou calcite. Muitos actores e actrizes usam âmbar e ametista numa mesma jóia no palco. Estão convencidos de que estas pedras os ajudam na sua actuação.

O âmbar comprimido, que é uma massa de pequenos pedaços fundidos sob um calor suave, tem quase a mesma essência que a forma natural. O mesmo é, regra geral, verdadeiro em relação às que são conhecidas por peças de «inclusão» – isto é, âmbar com pequenos insectos incrustados, ou penas de aves, agulhas de pinheiro. flores e tudo o que a substância primitivamente pegajosa embalsamou. Contudo, não há muito tempo, encontrou-se um espécime que abrigava um grande lagarto. Quando foi submetido a ensaios para fins curativos emitiu uma pesada energia negativa!

Ametista

Esta pedra, sempre estimada, deve ser considerada especialmente preciosa no mundo febril dos nossos dias, pois que cura durante o sono, induz a meditação e é por essa razão inestimável para curar e confortar os que sofrem de *stress* ou de doenças psicossomáticas. Até o cancro, como muitos investigadores hoje reconhecem, pode ser precipitado pela tensão mental, e a ametista, colorida de vermelho pelo ferro irradiado, contém o próprio elemento com que os médicos ortodoxos combatem a doença. O ferro é um dos seis minerais activos do corpo essenciais à vida. Fortalece os músculos, enriquece o sangue e aumenta a resistência às infecções, tendo também neste aspecto um papel inestimável.

É a pedra da piedade e impede que os que a usam caiam no excesso da embriaguês. Os anéis dos bispos têm geralmente uma ametista montada e Eduardo o Confessor, esse santo monarca, tinha um anel com uma pedra de ametista. Permanecendo na colecção real, era famosa como amuleto contra doenças contagiosas.

Existia outrora a crença de que a ametista mudava de cor quando colocada junto de comida envenenada. A razão deve-se certamente ao facto de mostrar variações de cor nos seus cristais singulares. Está em harmonia com a sensibilidade superior do ponto de energia da coroa que inspira a visão profética.

Usada em combinação com uma sanguínea, a ametista pode ser atada sobre a área de um coágulo de sangue e, após cerca de uma quinzena de dias, a obstrução desaparece. Umas vezes a cura é permanente, outras o paciente precisará de repetir o tratamento periodicamente.

Usada com a cornalina, restringe os superactivos e também os autoritários – em casa, no trabalho ou na vida pública. Não começamos por dizer que se tratava de uma pedra verdadeiramente adequada à nossa época?!

Aventurina

Com a sua energia suave e a sua beleza metálica ligeiramente iridiscente, o artista e desenhador russo Carl Fabergé (1846-1920) deu um belo uso a esta pedra, e o mesmo fizeram os Chineses. Não obstante as suas aplicações menos práticas, tal como as da cornalina, tem sido ignorada nos tempos mais recentes.

A aventurina pode apresentar uma cor acastanhada quando associada à família do feldspato, tomando então o nome de pedra-do--sol, ou castanho-amarelada ou amarelo-esverdeada, caso em que é conhecida por quartzo aventurino. Ambas as variedades actuam como tónico geral a nível físico, com especial aplicação ao sistema nervoso central.

A um nível mais elevado, é uma pedra própria para a meditação e para desenvolver a maleabilidade da mente.

Azeviche

Esta pedra intensamente negra surgiu há cerca de cento e oitenta milhões de anos, quando ramos e troncos de enormes araucárias do Chile que então floresciam na Terra, se quebravam e caíam em charcos de água estagnada ou eram transportados para o mar pelas correntes. A madeira impregnada de água afundava-se então no leito, onde era coberta de lama rica em minerais e matéria em decomposição, comprimindo ambas a pedra embrionária e induzindo alterações químicas.

O azeviche compreende doze por cento de óleo mineral. Apresenta também vestígios de enxofre, alumínio e silício, absorvidos pela pele quando a pedra é usada. Se se friccionar o azeviche ele desenvolve electricidade estática e, como na realidade se trata de uma espécie de carvão castanho, começa a arder, emitindo um cheiro pungente. Quem sofre de bloqueio nasal, de constipação vulgar e dificuldades respiratórias é por vezes aconselhado a inalar a essência ardente do azeviche. Nos tempos antigos, a pedra era utilizada contra as dores de dentes, dores de cabeça, epilepsia, hidropisia, fraqueza dos dentes e inchaço dos pés.

Houve uma altura em que também se recorria ao azeviche como teste de virgindade. A pedra era posta a macerar em água ou álcool durante três dias, retirada, e dada como elixir à dama cuja virtude era posta em causa. Se o efeito fosse a diarreia, como seria de crer, o teste era negativo. Em Espanha o azeviche continua a ser usado para afastar o mau-olhado. É usado sob a forma de uma escultura conhecida por uma *higa* «(figa»), na qual figura uma mão com o Sol preso entre dois dedos. Hoje posta de lado como pedra de boa sorte, foi considerada ao longo de toda a Idade do Bronze um dos mais propícios e mágicos de todos os amuletos e talismãs.

Azurite

A azurite pode desvendar a face oculta da verdade cósmica e revelar aos seus possuidores os propósitos essenciais da vida. Como tal, é uma pedra para espíritos evoluídos. As pessoas encontram nela um auxiliar para o seu desenvolvimento físico, mas descobrirão igualmente que a duração dos seus efeitos é limitada. Lenta mas inexoravelmente, esta pedra que vai do azul-escuro ao muito escuro transforma-se num outro mineral, a malaquite verde forte.

Durante a sua vida activa como azurite abre, todavia, caminhos que os seus utilizadores poderiam ter medo de trilhar. Pode completar a abertura do «terceiro olho», faculdade que permite ao seu possuidor ver e sentir a aproximação do bem e do mal. Do mesmo modo pode ser usada para transferir a energia de vibrações positivas ou negativas do seu manipulador para outra pessoa.

Pouco se sabe dos poderes da azurite ao nível da cura física, mas a sua marca de contraste é a harmonia e o encorajamento das qualidades de simpatia e ternura sob todas as suas formas. Pode assim dar assistência ao curador físico quando a afecção do seu paciente tem por causa o desapontamento, a agressão ou o ódio.

Como sucede com a malaquite, esta pedra ajuda os que sofrem de calcificação óssea. Mas, tal como a azurite, parece agir quase totalmente a nível espiritual.

Bowenite

Por vezes designada «novo jade suave» ou «jade coreano», esta pedra consiste numa variedade dura e invulgar de serpentina, que vai do transparente ao translúcido. Possui geralmente uma suave coloração verde-mar com um toque de amarelo, embora a variedade neozelandesa seja de um magnífico azul-esverdeado carregado. Mas seja qual for a sua cor, esta pedra é inestimável devido ao seu teor de magnésio. Está estabelecido que o corpo humano deve conter vinte e um gramas deste mineral. Se a quantidade de magnésio descer abaixo deste valor, instalam-se a depressão e a insónia, e a bowenite ajuda a curar ambas. Também alivia a indigestão e actua como anti-séptico geral.

Por si só importante pedra do *chakra* da garganta, quando usada com o crisópraso possui a virtude adicional de aperfeiçoar a visão espiritual e de tornar mais nítidas as percepções dos utilizadores.

Calcopirite e bornite

Estas pedras caminham juntas como o proverbial cavalo e carroça. A calcopirite está ligada a Júpiter, a bornite a Vénus. Utilizadas em conjunto, podem ajudar a acabar com um dos estados de espírito mais incomodativos e frustrantes, o da indecisão crónica. Mas nunca faça uso dela para interferir irresponsavelmente na vida das pessoas. Tanto Júpiter como Vénus são ardentes defensores da justiça. Qualquer propósito mal-intencionado poderá voltar-se contra si!

A calcopirite e a bornite são utilizadas pelos médiuns para entrar em contacto com os mortos. Mas só são eficazes sob duas condições.

Primeiro, a pessoa deve ter falecido há pouco tempo e ter sido amiga íntima do médium; segundo, deve ter deixado incompleta alguma acção verdadeiramente urgente.

É importante recordar que a calcopirite e a bornite são dos principais minérios de cobre, um mineral vital para os nossos corpos como elemento activador que permite ao aminoácido tirosina actuar na pigmentação do cabelo e da pele. O cobre ajuda igualmente a converter o ferro do corpo no pigmento que transporta o oxigénio contido nas células ricas do sangue arterial. Como a calcopirite e a bornite não são apenas ricas em cobre mas também compreendem boa quantidade de ferro, os que sofrem de anemia e edema, duas doenças causadas por deficiência de cobre e de ferro, beneficiam das suas acções.

É uma verdade do saber popular que cozinhar ou aquecer comida em vasilhas de cobre destrói a vitamina E, o ácido fólico e a vitamina C, tão forte é a acção do mineral. O cobre mantém-se nos corpos dos mortos muito depois de os outros minerais terem desaparecido, como o testemunham os cabelos ainda em boas condições encontrados quando se abriram na Inglaterra urnas contendo corpos de homens e mulheres do período Tudor.

Tanto a calcopirite como a bornite podem actuar beneficamente no dia-a-dia, mas as suas energias são tão poderosos que, após algum tempo de uso, se desfazem em pedacinhos.

Citrina

A citrina natural era originalmente uma ametista que se transformou ao ser reaquecida e queimada na crosta terrestre. Depois entrou em cena a mão do homem, que aprendeu a «cozinhar» esta pedra artificialmente. Mas, quer sob a forma natural quer artificial, a energia desta gema rara e muito procurada é tão semelhante que não existe praticamente diferença entre elas.

A citrina possui várias cores. A coloração laranja auxilia o funcionamento do baço; a citrina amarela actua no plexo solar; a castanho--alaranjada ou variedade «madeira» é utilizada na cura pelos cristais, aliviando os sofrimentos de personalidades introvertidas e encorajando o pensamento racional e positivo. Combinada com a ametista purifica o sangue e aclara a mente. Muitas vezes chega a ser mais útil do que a ametista como meio para a meditação. Isto é compreensível, uma vez que o violeta da ametista e o dourado da citrina são cores ligadas à cabeça.

Coral

Cheia de vibrações negativas, herança dos caçadores de coral, esta pedra preciosa do oceano não deixa no entanto de desempenhar o seu papel o melhor possível, e as suas propriedades curativas, sobretudo eficazes contra as articulações calcificadas e as erupções cutâneas, são reconhecidas desde os tempos antigos.

A correspondência astrológica do coral é a Lua, como convém à sua génese aquática e, numa carta astrológica em que esta se apresenta bem posicionada, pode exercer uma influência benéfica em qualquer pessoa nascida sob a mesma massa regente. Quando apresenta aspectos negativos pode produzir discussões e depressões. Consegue por vezes equilibrar uma carta onde o elemento fogo seja predominante.

Os que consideram o coral uma pedra atraente devem seguir a tradição e respeitar a sua forma natural. Isto implica usá-lo em peças de galhos ou raminhos, nunca sob a forma de contas.

O coral agatizado é uma gema notavelmente diferente, em que a calcite original foi substituída por quartzo de grãos finíssimos no curso de mudanças geológicas, mantendo-se não obstante, o carácter essencialmente protector do coral. O coral agatizado acalma os nervos, auxilia o aparelho digestivo e proporciona uma harmonia física suave mas penetrante.

Cornalina

Pedra outrora usada pelo rei Salomão na sua armadura, esta gema, hoje injustamente ignorada, limpa a mente possibilitando uma concentração profunda e, quando associada à ametista, purifica a consciência, inverte as atitudes negativas e desenvolve a agudeza de espírito. Na meditação, induz a compreensão do verdadeiro sentido da vida, oferecendo assim uma chave para a sabedoria.

Tanto a cornalina como a ametista possuem ferro como agente corante e podem ser conjugadas para beneficiar a corrente sanguínea, combater a depressão, e ajudar os seus possuidores a libertarem-se da indolência e a tornarem-se vigorosos e atentos.

Crisocola e pedra-de-Eliat

Eis dois minerais que não são usados com frequência na cura física mas que testes recentes demonstram bastante eficazes contra a fraqueza óssea e a falta de pigmentação do cabelo ou da pele.

Estes minerais, que têm ambos por base o cobre, facilitam também a absorção de vitamina C e assimilação de ferro pelo corpo.

No plano espiritual, tanto a crisocola como a pedra-de-Eliat podem afastar ataques de entidades inferiores como os *poltergeists*. São agentes eficientes da PES (percepção extra-sensorial) que funcionam abrindo o ponto de energia da garganta.

O ideal, segundo a tradição, é que estas duas pedras tenham chegado à nossa posse sob a forma de presente.

Crisópraso

Eis uma das pedras mais contraditórias da Natureza. A coloração do crisópraso, que vai do esmeralda translúcido, passando pelo verde-maçã, ao verde-amarelado, deve-se à presença de níquel, elemento metálico que contribui para muitas alergias. O crisópraso actua, no entanto, como purgante, quer a nível físico quer espiritual, do plano inferior para cima. É como se um pouco de veneno actuasse como vacina, como sucede com o diamante.

Devendo-se ambas as coisas aos eflúvios da sua influência, que promove a clareza interior e a disciplina, e à sua coloração, este mineral protector e notavelmente belo é muitas vezes comparado à jadeíte da Alta Birmânia, embora o crisópraso seja o mais versado dos dois em deflectir as vibrações negativas antes de estas atingirem os sentidos mais elevados. Como jóia ou pedra de toque, este mineral corrige as desordens nervosas, estabiliza o cérebro antes de surtos de actividade, acalma os que sofrem de convulsões e histeria, e elimina a ansiedade. A sua personalidade de «cão de guarda» protege os seus possuidores de reacções excessivamente violentas e filtra os factos discordantes até se obter equilíbrio.

A variedade de cor niquelada desta gema, a mais procurada, provém da Austrália. Mas neste aspecto, como sempre, a escolha pessoal é importante e há quem prefira os tipos mais pálidos que surgem nos EUA, nos Urais e no Brasil. Uma calcedónia de crómio chamada *mtorodite*, do Zimbabué, pode também ser encontrada no mercado.

Esta pedra assemelha-se ao crisópraso sob todos os aspectos menos no agente corante, mas, ao contrário deste último, resta-lhe ainda mostrar resultados holísticos.

Uma característica do crisópraso é a fidelidade ao seu possuidor. Ao mudar de mãos, ou quando um possuidor morre, pode não apresentar qualquer reacção na posse de um estranho, o que constitui sem dúvida a razão por que esta gema, a mais pessoal de todas as gemas, costumava ser enterrada com o morto nos túmulos japoneses da Idade do Ferro.

Cristal-de-rocha

Para os Gregos, o cristal-de-rocha ou quartzo cristalino era água santa congelada pelos deuses no Olimpo. Para os Japoneses era a saliva e o hálito solidificados dos seus dragões sagrados, tradicionalmente imaginados pelos artistas nas cores violeta ou branca. Tem luzido ao longo dos séculos nos diademas principescos e nas coroas eclesiásticas, e brilhou mais sombriamente entre as urnas e os túmulos em impressionantes criptas funerárias.

A maior parte do quartzo lapidado é cortado em forma de esferas, e estas «bolas» cuidadosamente arredondadas eram outrora usadas para curar o gado, produzir melhores colheitas e atrair a chuva ou o calor do Sol.

Era, e continuou a ser, a pedra favorita para a contemplação ou adivinhação pelo cristal, pois o seu lustro imobiliza rapidamente o nervo óptico, do que resulta a supressão das impressões exteriores, deixando o olhar livre para contemplar o que está no interior. Isto e a energia contida no quartzo explica os seus poderes globais de cura. As suas vibrações, que se iniciam mais ou menos à temperatura ambiente, ressoam a um ritmo ternário que recorda o da valsa, conferindo a este mineral um papel coordenador em toda a prática holística. Quer esteja na posse de uma pessoa, colocado num animal ou na proximidade de vegetação, o cristal-de-rocha amplia a aura de tudo o que estiver perto dele. Aumenta inclusivamente os poderes curativos de outros minerais.

Os curadores que preferem guiar-se pelo toque e não pelas gemas, verificam no entanto que obtêm muitas vezes resultados mais rápidos quando o paciente segura num pedaço de quartzo cristalino. Isto porque o mineral acelera a energia e liberta os bloqueios dos *chakras*. A visão através do quartzo tem igualmente um aspecto curativo, uma vez que o processo de obliterar as distracções externas facilita a meditação e o desenvolvimento do eu superior, abrindo assim canais para a transferência de energia do praticante para o paciente no decurso da cura a distância. Em resumo, esta pedra comum e pouco dispendiosa detém um lugar único no universo das gemas.

Diamante

O diamante, substância mais pura da Natureza e uma das mais duras (dez na escala de Mohs), pode ser cortado na lâmina mais fina e pontiaguda e contribuir desse modo para o aparecimento de uma das maravilhas da medicina moderna, a arte da microcirurgia.

Usar uma lâmina de diamante em vez do antiquado aço inoxidável, é, para um cirurgião, equivalente ao passar de uma caixa de velocidades manual para uma automática num automóvel. Não requer virtualmente nenhuma pressão, ficando um mínimo de tecido cicatricial após a ferida sarar, e o golpe regular da lâmina reduz a perda de sangue. As feridas e a dor subsequentes são também muito reduzidas. Usam-se tanto os diamantes amarelos como os azuis da melhor qualidade. Mas as melhores são as pedras límpidas brancas de primeira qualidade. Com a adição de uma luz de fibra óptica ligada ao cabo de titânio de pouquíssimo peso, o cirurgião tem uma boa visão, tanto da lâmina como através dela, imprescindível em operações profundas.

O seu custo impede infelizmente que estas lâminas milagrosas sejam adoptadas ao uso geral; e é também o custo que coloca o diamante de parte como instrumento de cura holística, dado que poucos poderão adquirir a pedra de dois carates que é o tamanho mínimo necessário à obtenção de resultados. É possível usar um diamante por lapidar de qualidade cristalina, mas algumas pedras são difíceis de obter, e a qualidade da luz refractada dos diamantes industriais, que são fáceis de adquirir e seriam aceitáveis em termos de preço, é tão pobre que os torna praticamente inúteis.

A tradição dotava o diamante de uma maravilhosa gama de poderes, desde curar a loucura a afastar o Demónio. Acreditava-se que reforçava a coragem e, acima de tudo, assegurava a longevidade. Graças ao carbono, único elemento da sua composição, era igualmente considerado uma vacina – tradição com bases científicas. Não tem rival no brilho da sua superfície dura e na dispersão da luz (fogo). Quando é polido, produz uma carga eléctrica positiva.

Por último, o diamante é um símbolo de amor. Mas a sua ambicionada reputação como melhor amigo de uma jovem não deve residir inteiramente, como regra acontece, no valor excessivo que obtém no mercado. O que esta magnífica gema oferece, através da sua pureza e durabilidade, é uma prova comovedora de perfeição total expressa num único elemento.

Dioptase (esmeralda de cobre)

Esta pedra rivaliza com a esmeralda (ver adiante) na beleza do seu colorido e nos seus poderes holísticos. Como o seu cognome indica, contém o elemento metálico cobre, substância utilizada pela Natureza, em conjunto com o ferro, para impedir a fadiga e promover a resistência à doença. (Converte também o ferro no pigmento necessário às células vermelhas.)

Para fins holísticos, os pingentes de dioptase devem ser usados a meio do tronco. Outra alternativa é segurar todos os dias na mão esquerda durante cerca de cinco minutos um amontoado de cristais de dioptase não engastados, pois o terceiro dedo desta mão está canalizado directamente para o coração, sede das emoções e de todos os instintos generosos e fonte, quando saudável, de toda a força física e mental.

A dioptase não se limita a conferir os seus poderes curativos aos seres humanos. Animais, aves e plantas doentes têm sido curados por ela. Duas aves tratadas pela autora foram banhadas na luz da dioptase, de acordo com a técnica esotérica de cura já descrita, durante dois minutos por dia, colocando-se em seguida pequenos cristais na «enfermaria». Ambas as criaturas recuperavam rapidamente. As plantas foram também banhadas no fogo verde e a seguir mergulhadas em água esotericamente impregnada de dioptase. O animal doente era um gato, um assustado habitante das ruas com um feio abcesso na testa. Não deixava ninguém aproximar-se, tendo sido mentalmente rodeado de dioptase, por dois dedicados amigos de animais, de hora a hora durante três semanas. Mais uma vez, o tratamento resultou. Pouco tempo depois, o gato foi visto nas redondezas exibindo uma pelada cicatrizada onde antes existia o buraco da infecção.

Embora o carácter quebradiço desta pedra não a torne recomendável para ser lapidada, têm sido fabricados muitos pingentes de um verde magnífico em redor de um ninho de cristais naturais de dioptase. A sua cor está tradicionalmente ligada às forças não-físicas, e a dioptase propriamente dita agudiza as faculdades da PES e promove a orientação dos planos superiores.

Esmeralda

Das insondáveis profundidades desta pedra muito admirada são emitidas vibrações curativas para os que sofrem de doenças dos olhos. Testemunhos deste poder chegaram até nós dos tempos antigos, pois nas efígies de deuses e deusas os olhos são muitas vezes de esmeralda pura.

Apresentamos aqui algumas indicações acerca da forma de curar através desta pedra. Quando se tratar dos seus próprios olhos, basta contemplar a esmeralda. Se pretender curar os de um paciente que esteja junto de si, transfira a energia. Ou então pegue num copo cheio de água e deixe uma esmeralda nele mergulhada de um dia para o outro. Embeba pequenos pedaços de algodão em rama no elixir, esprema-os parcialmente, e coloque-os sobre os olhos fechados durante cerca de dez minutos duas vezes por dia. Este tratamento não é apenas benéfico para olhos doentes. Os olhos raiados de sangue e cansados podem igualmente beneficiar. Se não conseguir arranjar uma esmeralda, pode empregar um terceiro método. Trata-se simplesmente de pensar nesta pedra, transferindo a energia para a área dos olhos e nuca.

Este terceiro método produz de igual modo resultados notáveis quando aplicado aos problemas do coração e do peito. A esmeralda é também eficaz no alívio de tensões nervosas e de tensão arterial elevada. A nível psíquico confere tranquilidade e equilíbrio, sensatez e sabedoria.

Os curadores podem ter dificuldade em trabalhar com esta pedra, devendo começar por tratar doenças comparativamente menores como dores de cabeça, asma, constipações vulgares e queimaduras. Mais tarde verificarão que a esmeralda pode ser utilizada para curar úlceras da pele, intoxicações alimentares, o cancro da pele e, segundo muitos crêem, outros tipos de cancro.

Os antigos praticantes da cura pelos cristais usavam a esmeralda para ajudar a aliviar as dores das mulheres durante o parto, como antídoto para o veneno, e para fortalecer a memória. Usada por mulheres casadas, acreditava-se que assegurava a sua fidelidade aos maridos. Supunha-se que as serpentes tinham medo das esmeraldas, e estas gemas eram também muito apreciadas como talismã contra o mal e a peste. Mais importante era a fama da esmeralda como elo de ligação com as forças sobrenaturais.

As esmeraldas de qualidade são caras e difíceis de obter, mas isto não tem importância porque, felizmente para os curadores e respectivos pacientes, uma «esmeralda musgosa», isto é, que não é absolutamente límpida, também serve para fins curativos.

Espinela

Até ao final da Idade Média, a espinela era admirada pela pedra magnífica que verdadeiramente é, e gozava a fama de possuir os mesmos poderes curativos de outras gemas valiosas de coloração semelhante. Isto foi antes de o estudo das pedras preciosas se tornar uma ciência. Infelizmente, este belo cristal perdeu então a sua popularidade porque, tanto na sua aparência como nos seus elementos tal como eram então conhecidos, era demasiado parecida com o rubi e a safira.

Sabemos actualmente que a espinela de primeira qualidade é muito mais rara do que a maior parte das pedras com as quais podia ser confundida. Os negociantes mantêm, no entanto, ainda hoje a mentalidade antiquada desses primeiros estudiosos das pedras preciosas, tendo como resultado o facto de o público não ter tido possibilidade de a redescobrir por si. Com efeito, tem uma composição semelhante a muitas granadas, ainda que seja muito mais encantadora na sua faiscante claridade e maravilhosa gama de matizes.

Trata-se de uma pedra resistente – ainda mais do que a granada, o zircão, a esmeralda, o peridoto ou a jadeíte – e gera-se através do mesmo sistema do diamante.

O magnésio e o alumínio formam a variedade pura, branca cristalina, desta pedra entrando muitas vezes na sua composição, como impurezas; outros químicos, mormente o ferro e o crómio, explicam as suas formas coloridas, sendo o azul produzido pelo zinco. Estas diferenças de cor permitem que a espinela seja utilizada no trabalho holístico em vez de muitas granadas, em particular para activar as funções dos nervos e músculos, para diminuir o *stress* e para lutar contra os efeitos da acidez do estômago e a depressão.

Os planetas Vénus e Úrano são co-regentes desta pedra, por conseguinte a espinela, no plano espiritual, está essencialmente vocacionada para promover o idealismo de um modo geral através da harmonia e da criatividade e, em particular, a criação musical.

Fluorite

Existe uma estranha crença, com muitos séculos, de que os espíritos de certas crianças abortadas, muitas vezes pelas vias naturais, vagueiam pelo mundo desesperadas e confusas procurando uma mãe terrena através de quem se possam alimentar. A mãe, quando é encontrada, perde misteriosamente força, e nos anos mais recentes foram obtidas algumas curas esotéricas espantosas através da fluorite estriada conhecida por translúcida com a qual os praticantes da cura pelos cristais trataram o sangue da «mãe» antes de chegar à criança-espírito. Feito isto, a criança «nasce», e tanto a mulher como o filho podem ser libertados por um corte esotérico do cordão umbilical espiritual.

Há uma razão científica para a eficácia da pedra pelo facto de a fluorite poder ser aquecida com ácido, libertando bolhas de gás ácido. A pedra pode ser estimulada do mesmo modo pelo praticante da cura pelos cristais. Mas haverá necessidade de outras pedras enquanto a translúcida faz o seu trabalho: a água-marinha para a força vital; a magnetite para a polarização (isto é, para alinhar a espinha dorsal pelas forças magnéticas da Terra); e a dioptase para fortalecer o coração. Estas destinam-se à «mãe». O espírito da criança, agora liberto, também deve ser tratado como o praticante o entender. Nenhuma outra variedade de fluorite obtém o mesmo êxito na recuperação de mulheres que padecem dos efeitos de doenças misteriosas. Isto sem dúvida por causa das faixas concêntricas azuis purpúreas, que hoje se pensa serem causadas pela radiação de urânio.

A fluorite fornece alívio a médiuns e pessoas sensíveis cujo trabalho os esgota por terem de dar muito de si. Se vive no campo, pode também deixar durante a noite, num copo de água, fora de casa, um pedaço ou pequeno nódulo de fluorite. É uma bebida estimulante.

Granada

Negra, vermelho-rosa, castanho-amarelada, cor-de-laranja ou verde – de todas estas cores pode escolher-se uma granada, mas é mais correcto encará-la como membro de uma vasta família de pedras preciosas do que como pedra única. Todas as granadas têm isto em comum: possuem um pouco de quase todos os metais mas são basicamente compostas por alumínio, silício e oxigénio e, embora seja possível encontrar diferentes pedras adequadas a diferentes pacientes e curadores, do ponto de vista holístico todas são viáveis e podem ser classificadas como se da mesma se tratasse.

O atributo curativo da granada é o de um cavaleiro de armadura reluzente. Enviará as suas vibrações directamente para a frente de batalha, onde outras pedras não provocaram qualquer impressão, e é muito eficiente contra a depressão e no fortalecimento da vontade do doente a curar. É eficaz no tratamento da artrite e de outras afecções resultantes da calcificação. Recentemente, tem sido também utilizada para ajudar casais sem filhos, para o que contribui a sua elevada composição metálica que actua sobre os futuros pais, quer a nível físico quer emocional.

Utilizada na meditação, confere paz, calma e uma sensação de alívio dos problemas materiais, mas actuando de forma mais sensível através das faculdades lógicas do que das espirituais. Quando colocada no bolso de uma criança superactiva ou irrequieta, ou usada num colar de contas, a granada terá o efeito de canalizar a energia do jovem para áreas menos frenéticas.

Há duas variedades de granadas com utilizações próprias: a pedra de cor laranja assiste ao fortalecimento da base da espinha, e a verde revigora o coração.

Heliodoro

Este cristal transparente cuja cor varia entre o amarelo limão e o amarelo forte, está prestes a ocupar um lugar de direito próprio como meio incorruptível de iluminação espiritual.

Apresentando com frequência radioactividade e geralmente considerada tingida por ferro, ambos emitidos pelo Sol, o heliodoro assemelha-se, com efeito, a um pedaço sólido de luz dourada e, na cura, irradia um calor correspondente. Consola, rejuvenesce e obtém o seu poder particular através da sua capacidade de reconciliar a mente consciente e inconsciente.

Embora o heliodoro actue através do plexo solar, relaciona-se na realidade como o sistema circulatório e o coração, onde actua para estimular o eu interior e o intelecto.

Hematite, ver magnetite

Jade e jadeíte

O jade e a jadeíte são dois minerais inteiramente distintos com valores holísticos diferentes, embora sejam por vezes confundidos e considerados o mesmo. Por essa razão parece sensato reuni-los, para melhor esclarecer as suas diferenças e semelhanças.

Tal como a maior parte das pedras preciosas, tanto o jade como a jadeíte contêm silício e oxigénio. Mas, além disso, a composição do jade inclui magnésio e cálcio, ao passo que a jadeíte possui sódio e alumínio. O jade é composto de uma massa de cristais estreitos e fibrosos, enquanto os cristais da jadeíte são granulares.

Contendo três dos minerais mais necessários ao organismo, isto é, cálcio, ferro e magnésio, o jade constitui um medicamento natural para quem sofre de tensão alta, do coração, de problemas circulatórios e dos rins e também para os diabéticos. Deve ser usado por mulheres grávidas e durante o período de aleitamento, que provoca uma quebra de cálcio, ferro e magnésio.

A jadeíte, cuja variedade verde-esmeralda adiciona vestígios de crómio aos outros minerais que a constituem, é um fortificante dos músculos. Corrige igualmente problemas respiratórios, contraria os efeitos da insolação e, tal como o jade, é um excelente remédio para a tensão alta.

Tanto o jade como a jadeíte são portadores de paz através da serenidade e purificam os centros de energia. As colorações verdes de ambos os minerais fortalecem o *chakra* do coração, enquanto que a variedade rosa-violáceo da jadeíte induz a devoção e favorece os temperamentos místicos.

Os nomes de jade e jadeíte derivam da palavra espanhola que significa «cólica», a que os *Conquistadores* chamavam *jada* depois de os Mexicanos lhes terem ensinado a curar os seus males de estômago tocando na área afectada com esta pedra. O termo geológico para o jade é nefrite, da palavra grega *nephro* que quer dizer rim, significando a mesma palavra inflamação dos rins. Os que conhecem a lenda do Tosão de Oiro lembrar-se-ão do machado de jade, mencionado na história, que curava os males dos rins. Jadeíte significa «semelhante ao jade», mas as diferenças devem estar agora esclarecidas.

Jaspe

Esta variedade opaca do quartzo-alaranjado era famosa entre os antigos por extrair o veneno das mordeduras das serpentes. Também nos tempos primitivos era apreciada como suprema portadora da chuva, e acreditava-se também que baixaria a tensão arterial se tivesse um leão gravado.

Hoje em dia caiu praticamente em desuso como pedra curativa. No entanto, pode ajudar os afectados por problemas emocionais, quer estes sejam causados por sentimentos de culpa, perda de seres amados ou medo do futuro. O seu poder de fortalecer e consolar estes sofredores está bem provado.

Labradorite

Quando tiver problemas, use a labradorite. Traga um segmento ou pedaço desta pedra no bolso, coloque-a sobre o *tablier* do carro, sobre o lava-louças ou atrás da cabeça quando estiver a dormir – onde lhe apetecer. Mas não se esqueça de a colocar num sítio em que a luz incida sobre as suas cores iridiscentes que rivalizam com as asas de uma borboleta tropical.

Esta bela extensão da rocha comum possui uma estrutura interna formada por repetidas camadas de cristais microscopicamente pequenos colocados lado a lado e invertidos. A variedade translúcida cinza-pálido desta pedra apresenta melhores resultados do que a espécie opaca escura. No caso anterior, a luz incide com maior efeito nos cristais amontoados que, devido à interferência óptica que sofrem, produzem tons variados de amarelo, rosa, verde, azul e azul-violeta, e diferentes cambiantes de violeta.

O poder curativo dos CRISTAIS

A composição da labradorite inclui microscópicas lâminas de ferro. São úteis para endireitar a coluna e alinhar as vértebras em relação aos pólos magnéticos norte e sul da Terra, efeito conhecido pelo nome de polarização. Quando a pedra é usada para fins curativos, deve incluir-se sal na alimentação. Esta gema começa agora a ser conhecida. É a pedra do presente e do futuro.

Lápis-Lazuli

Esta gema contém estrias de ferro amarelo cor de latão ou prateado e por vezes também dourado. Trata-se na realidade de uma mistura de pelo menos cinco minerais separados, o que a torna tecnicamente uma rocha e não uma pedra.

Possui uma energia correctiva dirigida para o eu, que protege o seu utilizador durante o processo de desenvolvimento espiritual e lhe permite receber a sabedoria de fontes naturais. O resultado é o facto de as emoções do recipiente não serem ignoradas mas apreciadas pelo seu valor real – meio inestimável de restaurar corpo e mente.

O lápis-lazuli deve ser usado no *chakra* da coroa ou no centro da testa, quer seguro por uma fita quer usado em brincos ou num colar curto. Não deve ser usado por períodos muito longos, nem sequer o dia inteiro, porque a sua força pode elevar os sentidos superiores a tal ponto que o possuidor receptivo não queira senão a sua energia refinadora, sem outro pensamento para o corpo que aloja o espírito.

O lápis-lazuli pode ser um belo transmissor nas mãos de um praticante que canalize a saúde para um paciente. A maior parte dos sensitivos deve no entanto purificar com o lápis em vez de o utilizar para fins de cura directa até que a força e autoconfiança do paciente sejam avaliadas.

Há tantas virtudes curativas associadas a esta rocha que se torna difícil especificar qual a mais importante. As doenças contra as quais é particularmente eficaz são as enfermidades do sangue, epilepsia, fortes dores de estômago, vómitos, diarreia e doenças cerebrais. O lápis-lazuli constitui um refúgio emocional.

Magnetite (pedra-íman)

Outrora conhecida por amuleto dos amantes, esta pedra é famosa pela atracção magnética que experimenta pelo ferro e também por apontar para os pólos Norte e Sul quando suspensa de um fio. Daí crer-se reconciliaria casais desavindos se a mulher fosse portadora de uma pedra-íman e o marido de limalhas de ferro. Hoje, as suas energias magnéticas, são utilizadas para corrigir o alinhamento da coluna e, por conseguinte, para o alívio das dores de cabeça causadas por uma má postura e por outros desconfortos associados à falta de polaridade.

Em associação com o quartzo castanho ou róseo, a magnetite é um agente supressivo dos tumores cancerígenos nas suas primeiras fases. Em conjunção com a cornalina, encoraja a concentração e promove a sabedoria.

Existem uma série de doenças na cura das quais o ferro é necessário, mas não as propriedades eléctricas da magnetite, e nestes casos ela pode ser substituída pela hematite cinzento aço brilhante, que é mais bonita. Conjugada com o lápis-lazuli e a malaquite, ou com um pingente de dioptase, a hematite alivia a inflamação das articulações, aumenta a resistência à doença e impede e fadiga, particularmente durante a gravidez. Os antigos descreviam a cornalina, a hematite, a magnetite (pedra-íman) e a malaquite como antídotos para a melancolia. Com base nas descobertas modernas, teriam provavelmente razão.

Obsidiana

Quando um praticante verifica que o processo de cura está a ser bloqueado num dos seus pacientes, recorre à obsidiana para contrariar o mal. Isto porque se diz que a própria obsidiana contém energias negativas.

Com efeito, a obsidiana não é uma pedra mas uma forma de vidro natural que não possui estrutura interna, gerando-se sob forma líquida. Se olhar atentamente janelas de igrejas muito antigas, observará, por exemplo, que o vidro é mais grosso na parte inferior do que na superior e, quando ampliadas, as linhas de fluxo tornam-se nítidas.

O curador trabalha a partir das propriedades líquidas deste vidro natural a que chamamos obsidiana. Primeiro transfere a energia negativa do paciente para o vidro, elevando depois mentalmente este último a uma temperatura alta. Chega então o momento de um congelamento brusco que purga a obsidiana, e a mente do paciente juntamente com ela. Para completar a cura, este deve ser imediatamente banhado numa emulação mental de quartzo-róseo, seguido de água-marinha.

Opala

Trazendo maravilhosa ordem a uma riqueza de desenhos e cores, a variedade mais bela do nosso mineral mais abundante, o quartzo, liga o céu e a terra numa união de água e fogo. É a pedra da esperança e da justiça, inimiga da cobiça e da corrupção em todas as suas formas, apoio dos justos – mas só dos justos – na guerra e no tribunal. Os monarcas arrivistas e tirânicos, que exploravam a miséria dos seus súbditos, ficavam outrora aterrorizados por esta gema. Alexandre Magno usava orgulhosamente uma opala no seu cinto, mas a Rainha Isabel I, embora coleccionasse opalas, tinha medo de as usar.

Os dois últimos imperadores da Rússia e as suas famílias acreditavam que a opala tinha as qualidades do «mau-olhado» e evitavam durante todo o dia o mais leve contacto com uma destas pedras. A Rainha Vitória reuniu mais opalas do que qualquer outro monarca e deu uma destas pedras a cada uma das suas filhas no dia do casamento, mas raras vezes as usava.

As colorações da opala têm sido com razão comparadas ao amor de uma criança inocente. Diz-se que a opala é capaz de abrir o «terceiro olho» e os místicos dão-lhe preferência entre os minerais para os conduzir a domínios sobrenaturais.

É um sofisma moderno afirmar que a opala é demasiado forte para usar em qualquer parte do corpo com excepção das extremidades. Esta interpretação pouco sensata do antigo e sábio conhecimento das pedras tem sido uma perda para nós, dado que a opala protege todas as áreas do corpo que emitem calor e todos os pontos de energia de harmonização – isto é, os que recebem e emitem poder através da cor. As colorações predominantes da opala a usar nestas zonas são as seguintes:

Coroa: violeta e cor-de-rosa
Testa: azul escuro com amarelo, violeta e azul mais claro
Garganta: verdes suaves e azul claro

Coração: verde, quanto mais gritante melhor
Plexo solar: amarelo
Base da espinha: vermelho forte baço; púrpura alaranjado

Regra geral, deve segurar-se a pedra perto da área em questão durante cerca de cinco minutos diariamente, conforme as reacções e sensibilidade individuais. Mas, desde que se evoque uma imagem clara e forte da pedra, a cura pode ocorrer sem a presença da opala, segundo o mesmo princípio da cura à distância.

Antigamente, a opala ou era queimada ou reduzida em pó. Hoje sabemos que se podem obter resultados muito mais eficazes sem alterar a pedra desta forma, utilizando-a inteira para dela extrair as forças vitais da Natureza, pois a opala não é apenas eficaz no domínio psíquico. Constitui um auxiliar real na cura de deficiências a nível físico e, se as zonas e as cores forem correctamente combinadas como acima se disse, fará maravilhas alimentando as zonas subnutridas.

Isto torna-se compreensível se nos compenetrarmos de que o sintoma básico de toda a doença é a actuação da cor nos locais errados, vibrando em desarmonia.

A opala actua também como substância protectora para certas pequeninas algas oceânicas conhecidas por diatomáceas. A vida na Terra não poderia existir sem o sol e a água, o fogo e o fluido, contudo, estes pares de opostos não podem encontrar-se sem um embate mortal, sendo que as diatomáceas desenvolveram estruturas ósseas de opala que escudam as suas partes mais frágeis contra a desidratação do sal e a pressão esmagadora do oceano, permitindo ao mesmo tempo que o calor e a luz as alimente. Quando estas minúsculas entidades aquáticas morrem, as suas conchas delicadas afundam-se, acrescentando cerca de três milhões de toneladas de sílica por ano às rochas sedimentares onde permanecem em repouso. A indústria moderna utiliza esta sílica em pomadas e lubrificantes impermeáveis à água, de modo que a opala possui, para além de todas as outras, esta utilização muito prática. Ensina-nos também uma lição: o homem não pode viver sem água e sem o seus poderes vivificantes e purgativos. Com efeito, a água cobre aproximadamente três quartos da superfície do planeta Terra e a constituição do próprio homem é mais ou menos fluida em três quartos. A opala, além da sílica e do oxigénio, contém mais água do que qualquer outro mineral – atingindo os vinte e dois por cento. Assim, ela reflecte o Sol através da água, chave da vida, falando-nos num alfabeto de cores que compreendemos.

Pedra-Lunar

Esta pedra era muito utilizada no passado para curar a demência. Seja qual for o lustro, a sua qualidade curativa mais importante actua nas emoções tanto negativas como positivas de quem a usa e é, por conseguinte, uma arma de dois gumes quando se trata dos estados da mente. Os praticantes modernos restringem-na quase todos ao lado físico, em que é particularmente útil nos casos de obesidade, retenção de águas e vómitos.

A pedra-lunar de fraca qualidade, que é quase opaca e de cor cinzenta-esbranquiçada, é pouco útil na cura, tanto para o praticante como para o possuidor, mas a variedade azulada mais cristalina é um antídoto do egoísmo e do rancor. Exerce igualmente um efeito de elevação do espírito quando usado por pessoas com uma Lua predominante na sua carta astrológica.

Na Índia a pedra-lunar é uma gema sagrada e acredita-se que dá sorte um noivo oferecê-la à noiva.

Peridoto

Há quem diga que os habitantes da lendária Atlântida contemplavam as ricas e aveludadas profundezas verdes do peridoto e a escolheram como gema favorita. Era apreciada pelos Cruzados, que nela encontravam a virtude da confiança, ao passo que os vitorianos acreditavam que concedia maneiras graciosas e serenidade.

Contendo magnésio, ferro e sílica, o peridoto anima a saúde cardiovascular, converte o açúcar do sangue em energia e promove o funcionamento muscular. Contraria igualmente alguns dos efeitos físicos do álcool. Mas os praticantes da cura pelos cristais usam-no sobretudo na cura de doenças do sistema digestivo, da acidez do estômago e dos depósitos de cálcio indesejáveis.

Pelas suas requintadas e delicadas vibrações torna-se útil aos tímidos, enquanto a sua própria fragilidade, em notável contraste com a poderosa força física de muitos outros minerais, o relaciona com o coração e equilibra a mente superior.

Pérola

Esta gema do oceano é bela como uma jóia mas com menores poderes curativos. Desde a Antiguidade que as pérolas eram encaradas como símbolos de castidade e guardiãs da virgindade, mas as suas virtudes médicas eram pouco consideradas.

A pérola cresce como uma espécie de cancro no corpo de uma criatura marinha. No seu estado natural é concebida por um grão de areia ou um «incómodo» igualmente pequeno. A variedade de cultura pode ser semeada (isto é, iniciada) por inserção de um berlinde de plástico ou de concha numa ostra, mexilhão, caramujo ou outros moluscos. Na cultura de pérolas de água-doce não-semeadas, são aplicadas minúsculas partículas de carne estranha a espécies marinhas vivas, que as revestem de secreção, na esperança de diminuir o seu desconforto. Um refinamento deste método ocorre quando estas pérolas «futuras escravas» são levadas para a fábrica pelos pescadores, para aí sofrerem as atenções do pessoal feminino que abre as suas conchas, lhes prende os pés com ganchos, fazendo depois dez incisões no manto de cada vítima, e forçando pedaços de outro molusco através da abertura. Completada esta operação «frankensteiniana», as atormentadas criaturas vivem em baldes de plástico, noventa centímetros abaixo do nível da água, durante três anos. São então puxadas para a superfície onde as pérolas são retiradas, tendo-se a substância estranha desintegrado durante o período formativo intermédio.

Se tudo isto parece (e é) monstruoso, há que dizer que a gloriosa pérola natural não se encontra plenamente formada na costa, na margem do rio ou no leito do oceano. Esta suave maravilha natural de luminosidade é geralmente aprisionada por um filho vivo de Neptuno que morre a seguir numa massa fétida a fervilhar de larvas e de outras criaturas marinhas presas num charco ou em qualquer outra área fechada.

Muitos curadores passados e presentes têm considerado que as pérolas possuem energias negativas de um tipo que alimenta a cobiça humana. À luz da descrição feita, esta conclusão não é surpreendente, Mas talvez um instantâneo de uma câmara de raios-X pudesse liquidar quaisquer vibrações nocivas que emanem desta belíssima jóia. Também serão de considerar os seus constituintes de cálcio e cal. Estes (tais como os da dolomite) poderiam ajudar a produzir os 20 por cento de substituição óssea que cada adulto necessita por ano e até talvez ajudar as mulheres com problemas de dores menstruais e deficiências de cálcio.

Quartzo róseo

Por discreta que seja, esta pedra nunca deve ser subestimada. Os minúsculos cristais que a compõem conferem-lhe espantosa durabilidade, e a inclusão de titânio, elemento metálico de força extraordinária, explica não só a sua agradável coloração como lhe atribui o poder de actuar sobre tecidos cicatriciais, acalmando-os, suavizando-os e afastando a dor.

Combinada com a hematite, esta pedra preciosa rosa-pálido produz maravilhas em ossos doridos e escoriações. Canalizando as energias através do coração e dos olhos, acalma o espírito e faz desaparecer o medo.

Rodocrosite (Rosa-inca)

Descoberta apenas há cinquenta anos, a rodocrosite, tal como a sua prima rodonite, é recente em termos holísticos. Encontra-se em duas variedades: a pedra da cor do ocaso, de qualidade preciosa; e a semipreciosa, cor-de-rosa ou rosa-bebé estriada de branco. Testes recentes mostraram que ambas têm propriedades benéficas, emitindo vibrações leves que alegram os deprimidos, preservam a juventude e retardam o processo de envelhecimento, servindo de auxiliares para atrair a força vital em pacientes jovens mas doentes, tal como foi descrito no início desta secção.

Rodonite

Esta gema, tal como a sua prima rodocrosite, que acabámos de descrever, é jovem e relativamente pouco experimentada em termos de cura. Mas este cristal de qualidade preciosa, da cor de morangos esmagados, é uma pedra do presente e do futuro.

Tem em si uma energia curativa em harmonia com a glândula tiróide, na qual, graças ao seu teor de manganés, produz a hormona tiroxina. Também tem efeitos benéficos sobre o sistema nervoso central, contrariando a irritabilidade, retemperando os corpos dos fatigados, fracos e velhos (ver uma vez mais o início desta secção) e auxiliando a digestão e os músculos.

A melhor forma de utilizar a rodonite é no terceiro dedo da mão esquerda, a partir de cuja posição, harmonizando-se com o coração, induz a compaixão, a harmonia e a sensibilidade aos valores mais elevados.

Rubi

Do rubi, diz a mitologia oriental: «Esta gema é uma gota do sangue do coração da Terra Mãe»; e é certo que, em termos de cura, as doenças do sangue são o foco dos seus poderes especiais. Há quem diga que Rasputine fazia uso de um rubi ao tratar o filho hemofílico do Czar Nicolau II da Rússia. Existe também uma antiga crença birmanesa de que um rubi usado junto ao corpo ou inserido na carne de um guerreiro, impediria que ele sangrasse se fosse ferido. Os praticantes da cura pelos cristais usam rubis como cura para a anemia, má circulação e doenças de coração, e para purificar o sangue. O fígado beneficia da acção purificadora do rubi, tal como o cérebro.

No passado, o rubi era considerado eficaz contra a inveja, os pesadelos, a perda ou danos de propriedade e a infidelidade das esposas. Julgava-se que aliviava a dor quando usado ou transportado, e que se tornaria pálido ou escuro através de uma mudança nas suas vibrações se a vida do seu possuidor estivesse ameaçada. Verificar-se-á que promove o amor desinteressado e actua ao nível da percepção extra-sensorial como meio inadequado à comunicação amorosa.

Tal como o diamante, desempenha também um papel vital na microcirurgia. Embora o diamante seja mais duro e quase impossível de embotar a não ser quando forçado, o rubi é possivelmente, superior como instrumento de cauterização.

Tudo isto a acrescentar à beleza!

Safira

Relacionada com o rubi (facto pouco conhecido), esta pedra notável surge numa vasta gama de cores, cada uma com as suas virtudes, associações e gama de poderes curativos. A mais conhecida e a mais amada é a variedade azul escura, cuja beleza austera se reflecte nos seus efeitos. Esta safira azul escura, que é a menos apaixonada das pedras, actua directamente no intelecto, e talvez por essa razão constitui com frequência a escolha subconsciente dos que desejam suprimir as suas emoções e apoiar-se antes na segurança do estatuto e da riqueza. Em termos de cura é excelente para as febres, a neurose e as doenças provocadas por perturbações dos nervos, incluindo a asma.

Por contraste, a safira da cor da centáurea azul e outros azuis vibrantes tem fama de prolongar a vida, manter a aparência jovem dos seus possuidores, fortalecer o coração, alimentar o sistema nervoso central e curar infecções dos olhos.

A safira-estrelada, quase opaca, exerce um efeito calmante a nível geral, útil na cura de úlceras do estômago, restringindo os espíritos excessivamente práticos.

A safira rosa-violáceo encoraja o amor altruísta. Se usada com a tradicional safira azul-escura, ajudará o seu possuidor a ter uma visão mais humana e compreensiva da vida, menos legalista e mais aberta às emoções naturais.

O padparadscha ou safira cor de laranja melhora o carácter dos egoístas, em particular dos de natureza aparentemente extrovertida que, na realidade, quase só pensam neles. A energia desta variedade de safira actua eficazmente no baço, reduzindo a irritabilidade e encorajando os que a usam a pensar antes de agir.

Sanguínea

Mais possante do que a energia de Marte, mas ainda relacionada com esse planeta, a sanguínea, com os seus vestígios de influência plutónica, pode tornar-se um peso excessivo na mente. Por essa razão, deve ser sempre usada na cura em combinação com cristal-de-rocha e quartzo róseo, que aliviarão os seus efeitos opressivos.

Contendo impurezas de ferro, esta pedra actua na corrente sanguínea, contra as cãibras e o delírio. As suas propriedades correctivas também lhe permitem interromper doenças enraizadas e contra-atacar os excessos, a agressividade, a obsessão e a violência.

Sodalite

A cor desta pedra é muito semelhante ao lápis-lazúli, mas os seus efeitos são completamente diferentes. O principal propósito holístico da sodalite é conceder juventude e frescura aos que a usam e são tratados por meio das suas vibrações.

A sodalite podia ser designada por «pedra da mudança ou transformação mental», pois devolve a alegria e conforta um coração pesaroso. Colocada logo acima da cabeça durante o sono, pode fazer com que uma pessoa triste acorde cheia de energia e vontade de viver.

Os animais e plantas de interior doentes reagirão a uma sodalite usada em conjunto com dioptase e cristal-de-rocha. Contudo, não tente colocar um pingente num animal, pois poderia ser perigoso. Em vez disso, reúna um número abundante destas pedras e coloque--as junto no local preferido do animal. No caso de plantas de interior, deixe os minerais em água durante vinte e quatro horas e depois retire-os e trate a planta com o elixir produzido.

Topázio

Excelente pedra de toque ou para trazer no bolso, o topázio, em especial o branco, ajuda os que sofrem dos nervos ou de insónia. O topázio de todas as cores é utilizado para curar a tosse e as enfermidades da garganta, todas as doenças dos nervos, o catarro e doenças infantis como o sarampo, bem como as escaras de pele e a gota. No tempo dos Romanos o topázio era utilizado para afastar os efeitos da magia negra e, quando preso sobre o abdómen de uma mulher durante o período menstrual, tinha fama de aliviar as doenças e o desconforto.

Como talismã, a virtude mais importante e mesmo a única desta pedra era proteger quem a usava contra a morte repentina. Também se diz dela, como de algumas outras gemas, ser útil para pôr o seu possuidor em conctato com a vida de outras partes da galáxia.

Turmalina

Eis um médico de excepção do mundo mineral, com propriedades notáveis e uma personalidade arlequinesca. As suas miríades de colorações são resultados não de impurezas, como acontece geralmente, mas das contribuições de cada cristal original na composição desta belíssima pedra.

Em tempos passados a turmalina estava classificada como magnete mineral e não como uma gema. A razão desse facto deve-se às suas energias eléctricas únicas que fazem com que, quando friccionada ou aquecida, produza em cada um dos seus cristais uma carga positiva numa das extremidades e uma carga negativa na outra.

Na cura, a sua principal função é produzir polaridade, virtude valiosa visto que uma coluna perfeitamente alinhada, com os pés e os sentidos firmemente plantados no chão, torna possível dar e receber a todos os níveis.

Cada cristal de turmalina contém alumínio, boro, ferro, lítio, magnésio, potássio, silício e sódio, apresentando muitas das gemas vestígios de elementos de outros produtos químicos muito necessários ao corpo. O magnésio está associado ao sal de Epsom e ao sal comum que purificam o sistema; constitui a essência curativa da água do oceano, e é necessária para uma boa memória. O boro tem sido usado ao longo dos tempos como tratamento para as cordas vocais, gargantas irritadas e inflamações da garganta em geral. A potassa encontra-se em «águas milagrosas» e, juntamente com a fluorina, outro mineral comum, é utilizada para retrair as veias varicosas e preservar dentes, ossos, unhas e cabelo.

Outros usos que podem ser dados à turmalina são a cura da ingestão, da letargia, do ganho e perda excessivos de peso, da gota e da dor intensa na nevrite. Esta última pode ser aliviada pela acção da turmalina ao alimentar os músculos e libertar os nervos presos quando as articulações do crânio são recolocadas na posição correcta através da força do seu magnetismo.

A turmalina actua bem em combinação com o ouro. Mas, em vez de se engastar a gema neste metal, é melhor utilizar um engastamento de grampo aberto que permita que as propriedades eléctricas deste mágico mineral actuem sem obstrução.

Embora a turmalina seja principalmente eficaz em curas físicas, também é útil à mente superior através da sua libertação dos *chakras* e remoção da dor corporal. É uma bela pedra, e os seus possuidores, em particular os que a receberem de presente, são excepcionalmente afortunados.

Turquesa

A fama desta pedra remonta aos tempos mais primitivos. Está associada a Hator, filha e esposa do deus-Sol egípcio Ra, que protegia o seu pai e marido de todos os que se rebelavam contra ele, e era temida como «O olho de Ra». Foi estimada mais tarde pelos índios norte-americanos, que acreditavam que continha a essência dos rigores do Inverno e asseguraria desta forma a quem a usasse severidade para com os seus inimigos. O Buda usava a turquesa para invocar auxílio espiritual quando desejava libertar-se de uma entidade desconhecida e particularmente assustadora. Também se encontram histórias acerca da turquesa na mitologia persa, beduína, chinesa, mexicana, tibetana e turca. A pedra foi sempre usada como protecção contra as forças negras. Acima de tudo é o talismã mais adequado a cavaleiros e aos amantes como garantia de fidelidade mútua.

O alumínio, juntamente com o cobre e uma pequena quantidade de ferro, são os elementos que compõem este mineral opaco mas atraente. Na cura, a sua principal acção é sobre o *chakra* da garganta, embora não seja necessário colocá-lo directamente sobre a área, uma vez que transmite energia a todas as zonas do corpo, em especial a parte superior do abdómen. É utilizada holisticamente para curar dores de cabeça, males dos olhos, febres, problemas das pernas, dos pés e da região lombar, e contraria a negatividade que pode, quando chega até nós em doses violentas, atrapalhar a nossa vida levando ao caos e à loucura.

É eficaz em conjugação com o lápis-lazuli, deflectindo influências inferiores e harmonizando o eu superior. Pode ser encastoada em prata, que não afecta as suas vibrações, e os artesãos índios americanos usavam-na muitas vezes desta maneira. Mas é ainda mais forte quando rodeada de ouro ou gravada com este metal, sendo um filtro necessário para outras influências e constituindo um poderoso talismã.

Qualquer que seja a sua coloração, esta antiga jóia será sempre eficaz enquanto o seu possuidor se sentir bem com a cor da sua preferência. A turquesa exerce uma influência particularmente decisiva para o melhor ou para o pior conforme as circunstâncias. Trata-se de uma pedra que, se a um mata, a outro cura, tornando-se por esse motivo ainda mais fascinante.

Zircão

Esta gema transparente de múltiplas cores não deve ser subestimada quer como jóia quer como meio de cura holística. Julgada pelos antigos Gregos capaz de fortalecer a mente e dar alegria ao coração, o zircão foi outrora preferido a quase todas as pedras preciosas por causa do seu brilho e da sua deslumbrante reflexão de luz, rivalizando muitas vezes com o diamante facetado. Contendo o elemento radioactivo urânio, o metal raro tório (utilizado em aparelhagens eléctricas) e os metais preciosos zircónio e háfnio, ambos empregues na indústria nuclear, o zircão detém dentro de si a essência do Sol e de Júpiter, portadores da energia da existência.

A caractcrística primordial deste cristal é a sua vitalidade, que actua com a eficiência de um feixe laser curando lesões cerebrais, doenças venéreas e graves doenças de pele. Dispersa igualmente o fluido nos pulmões e cura a inércia e problemas do baço. No plano espiritual promove o autodesenvolvimento e a extensão da mente superior, efeito particularmente evidente quando se uliliza a variedade azul-celeste tratada a quente.

Ainda que semelhante ao diamante no seu brilho e luminosidade, o zircão tem um carácter menos autoritário, embora firme na sua acção directa sobre os estados físicos e psicológicos.

Lista de pedras para cura

Esta lista de doenças, sintomas e estados físicos e espirituais indica as pedras apropriadas para o tratamento e melhoria de cada um deles. Nas páginas anteriores são fornecidas descrições pormenorizadas das principais pedras.

SINTOMA: ESTADO	PEDRAS
Acidentes (prevenção de)	Cornalina amarela
Acidez	Jaspe verde, Bismuto, Peridoto, Dolomite, Safira amarela
Agente correctivo (para melhorar o carácter)	Lápis-Lazuli, Cornalina
Agressividade (moderação da)	Sanguínea
Alcoolismo	Ametista
Alergias	Zircão
Alucinações	Cornalina
Amigdalite	Topázio, Âmbar, Azeviche
Amor (puro, compassivo, promoção do)	Diamante, Rubi, Safira rósea, Rodonite, Rodocrosite
Anemia	Esfarelite metálica, Sanguínea, Citrina, Calcopirite, Rubi
Angina	Bornite, Esmeralda, Dioptase

O poder curativo dos CRISTAIS

SINTOMA: ESTADO	PEDRA
Animais selvagens (para amansar)	Diamante
Apetite sexual (para despertar e aumentar)	Padparadscha, Âmbar vermelho
Arrotos	Berilos
Artrite	Apatite, Malaquite, Granada, Azurite
Asma	Âmbar, Quartzo róseo
Assimilação do ferro (pelo corpo)	Crisocola
Ataques cardíacos (prevenção de)	Dolomite, Dioptase
Aura (estabilização da)	Labradorite
Aura (fortalecimento da)	Zircão
Aura (protecção da)	Diamante
Autodesenvolvimento	Opala, Zircão, Diamante
Avidez (moderação da)	Opala
Azia	Cristal-de-rocha, Olivina, Dioptase, Esmeralda
Baço, ponto de energia do (para desbloquear)	Zircão cor-de-laranja
Bebés (desenvolvimento físico dos)	Rodocrosite, Sodalite, Dioptase, Crisocola, Calcopirite
Benevolência (promoção da)	Jade
Bílis (ataques de)	Esmeralda

Lista de Pedras para CURA

SINTOMA: ESTADO	PEDRA
Bloqueio dos *chakras* (remoção de)	Azurite, Lápis-Lazuli
Bloqueio nasal	Azeviche
Bócio	Âmbar
Bom-Humor	Diamante, Opérculo
Bronquite	Âmbar, Azeviche
Cabelos (saúde dos)	Opala, Quartzo, Turmalina, Malaquite, Crisocola, Smithsonite
Cãibra	Pedra calcária, Sanguínea
Calcificação	Granada, Calcite, Escapolite, Coral, Pérola
Cálculos biliares	Dolomite, Jaspe, Coral
Calos	Esfregar com Apatite que tenha sido molhada em água do mar
Canal biliar	Jaspe, Esmeralda
Cancro	Ametista, Quartzo castanho e Quartzo esfumado, Magnetite
Cancro (de pele)	Esmeralda, Ametista
Cansaço	Pirite, Âmbar
Castidade (promoção da)	Safira
Catarro	Topázio
Cauterização (para uso em cirurgia)	Rubi
Células nervosas (actividade saudável das)	Crisópraso

183

O poder curativo dos CRISTAIS

SINTOMA: ESTADO	PEDRA
Células de sangue arterial (para promover a saúde das)	Bornite, Calcopirite
Cérebro	Pirolusite, Pirite, Rubi, Turmalina verde
Circulação (melhoria da)	Fluorite, Rubi
Circulação do sangue	Rubi, Sanguínea, Ametista
Ciúme	Apofilite
Clareza	Jade
Coágulos	Ametista, Sanguínea, hematite
Cólera	Malaquite
Cólica	Malaquite, Jade
Cólica abdominal	Coral branco
Cólon	Jaspe amarelo
Coluna (saúde geral da)	Jaspe, Labradorite, Magnetite, Granada cor-de-laranja
Coluna (alinhamento da, polarização)	Hiddenite, Magnetite, Labradorite
Comichão	Malaquite, Azurite, Dolomite
Concentração	Cornalina
Constância	Opala
Constipação (comum)	Esmeralda, Azeviche
Contraceptivos orais (equilíbrio)	Dolomite
Convulsões	Diamante, Zircão azul

Lista de Pedras para CURA

SINTOMA: ESTADO	PEDRA
Cor (tez)	Pedras de ferro
Coração (fortalecimento)	Granada verde, Esmeralda, Dioptase, Opala, Turquesa
Coração, ponto de energia do (para desbloquear)	Dioptase, Esmeralda
Cor da pele (para melhorar)	Hematite
Coragem	Diamante e todas as pedras cor-de-laranja
Cordas vocais (protecção das)	Âmbar, Azeviche, Turmalina
Coroa, ponto de energia da	Safira rósea, Siberite, Iolite
Crescimento (promoção do)	Esfarelite, Galena
Crescimento interior (encorajamento do)	Lápis-Lazuli, Crisópraso
Criatividade	Espinela, Quartzo esfumado
Delírio	Crisolite
Demência	Seixos do rio, Selenite
Dentes (a abanar)	Azeviche
Dentes (fortalecimento)	Coral branco, Calcite
Depressão	Espinela, Dolomite, Rodocrosite, Bowenite, Lápis-Lazuli, Jade, Granada, Selenite
Desespero	Heliodoro
Desgosto	Lápis-Lazuli
Desmaios	Lápis-Lazuli

185

O poder curativo dos CRISTAIS

SINTOMA: ESTADO	PEDRA
Desordens menstruais	Topázio, Estaurolite, Azeviche
Devoção (para aumentar)	Jadeíte rosa-violácea
Diabetes	Diamante
Diarreia	Malaquite
Digestão	Olivina
Discussão (entre casais)	Magnetite
Disenteria	Esmeralda
Doença (contagiosa)	Dioptase
Doença (geral)	Dioptase, Ametista
Doença do sono	Ametista
Doença renal	Jade
Doenças da boca	Heliodoro, Safira amarela
Doenças do coração	Rubi, diptase
Doenças dos animais	Diptase
Doenças dos olhos	Esmeralda, Diptase, Turquesa
Doenças urinárias	Âmbar, Jade
Doença venérea	Zircão
Dor (geral)	Lápis-Lazuli, Rubi, Turmalina
Dores de cabeça	Turquesa, Turmalina branca, Âmbar, Azeviche, Hematite, Esmeralda
Dores de costas	Safira, Magnetite, Hematite

Lista de Pedras para CURA

SINTOMA: ESTADO	PEDRA
Dores de dentes	Azeviche, Âmbar
Dores de estômago	Lápis-Lazuli
Eczema	Safira
Edema	Calcopirite, Bornite
Embriaguez	Ametista
Energia	Âmbar, Jaspe, Periodoto
Energias negativas (para dispersar - p. ex., afastar o mau-olhado)	Turquesa, Lápis-Lazuli
Energias negativas (pedras a evitar se se tem tendência para a tristeza, etc.)	Pérola, Azurite, Obsidiana
Enfraquecimento (físico)	Pérola, Fluorite
Envelhecimento (para retardar o processo geral de)	Rodocrosite, Safira, Diamante, Sodalite
Enxaqueca	Azeviche
Epilepsia	Ónix, Jaspe, Azeviche, Turmalina, Lápis-Lazuli
Esclerose múltipla	Turmalina, Fluorite, Quartzo róseo, Lápis-Lazuli
Espasmos	Cornalina, Dolomite
Espinha, ponto de energia (para desbloquear)	Opala de fogo, Espinela vermelha
Espírito irritado	Espinela
Espirros	Zircão
Esquecimento	Turmalina, Esmeralda, Ágata-musgosa

O poder curativo dos CRISTAIS

SINTOMA: ESTADO	PEDRA
Estabilizador (promoção do, na saúde mental)	Ónix, Lápis-Lazuli, Azurite
Esterilidade (para curar a)	Coral vermelho, Padparadscha
Estômago (perturbações do)	Sanguínea, Água-marinha, Esmeralda
Estômago (fortalecedor do)	Jaspe
Estômago (inchado)	Pérola, Esmeralda
Estrutura celular	Indigolite
Fadiga	Esfarelite metálica, Estaurolite, Dioptase, Hematite
Falta de ar	Magnetite, Âmbar, Azeviche
Febre	Crisópraso, Safira, Olivina
Febre dos fenos	Azeviche, Zircão
Febre gástrica	Jaspe, Esmeralda
Febres intermitentes	Crisópraso
Felicidade (promoção da)	Aventurina
Feridas	Granada, Rubi
Fertilidade (para aumentar)	Verdite, Safira cor-de-laranja (Padparadscha)
Fidelidade (promoção da)	Turquesa, Diamante róseo
Fígado (tratamento do)	Jaspe, Jade, Labradorite, Hiddenite, Esmeralda, Rubi
Flatulência	Esmeralda, Granada verde
Fluídos do corpo (purificação)	Halite

Lista de Pedras para CURA

SINTOMA: ESTADO	PEDRA
Força (para aumentar)	Magnetite, Rubi
Força vital (aumento da)	Água-marinha
Força de vontade (para fortalecer)	Rubi, Coral vermelho, Granada
Fortalecedor da mente	Zircão
Fracturas	Magnetite, Calcite
Fraqueza (geral)	Hematite
Frio	Topázio, Opala
Frustração	Obsidiana
Garganta, ponto de energia da (para desbloquear)	Crisópraso, Turquesa, Opala
Garganta (para curar males da)	Turmalina, Turquesa, Hematite, Âmbar
Garganta irritada	Âmbar, Turmalina
Gengivas (saúde das)	Pirolusite
Glândulas (inchadas)	Topázio
Gravidez (para fortalecimento durante a)	Crisólito, Jaspe
Guarda invisível	Opala, Sardónica
Harmonia	Opala, Espinela, Rodonite, Jade, Jadeíte, Pedra-Lunar
Harmonia física (promoção da)	Coral agatizado
Hemorragias	Rubi, Sanguínea
Hemorragias Nasais	Safira, Rubi

O poder curativo dos CRISTAIS

SINTOMA: ESTADO	PEDRA
Hemorróidas	Pérola, Coral
Hepatite	Calcite, Dolomite
Herpes	Dolomite, Jadeíte, Lápis-Lazuli
Hidropisia	Diamante, Pedra-Lunar, Azeviche
Histeria	Lápis-Lazuli, Turquesa
Icterícia	Coral, Jadeíte
Idealismo (promoção do)	Espinela
Ignorância	Heliodoro, Cornalina
Impotência e infertilidade sexual	Verdite, Padparadscha
Incesto (maus efeitos do)	Lápis-Lazuli
Indigestão	Turmalina, Jaspe, Dolomite, Peridoto, Bismuto
Indolência	Cornalina, Ametista
Indulgência	Sanguínea
Inércia	Zircão
Infecções	Ametista, Quartzo esfumado e Quartzo castanho
Inflamação	Topázio, Espinela
Inflamação das articulações	Hematite, Dioptase, Ametista
Insolações	Crisópraso, Jadeíte
Insónia	Topázio, Jacinto, Bowenite
Intelecto (melhoria do)	Heliodoro, Safira

Lista de Pedras para CURA

SINTOMA: ESTADO	PEDRA
Intestinos	Jaspe amarelo
Intestinos (saúde dos)	Jaspe amarelo
Intoxicação alimentar	Esmeralda
Intuição (aumento da)	Safira, Lápis-Lazuli
Inveja	Rubi
Ira	Cornalina, Ametista
Irritabilidade	Rodonite, Padparadscha
Irritação dos olhos	Água-marinha
Justiça (promoção da)	Opala
Laringite	Turmalina, Âmbar
Lealdade (encorajamento da)	Rubi
Lesões cerebrais	Zircão
Letargia	Cornalina, Rubi, Turmalina
Líquido nos pulmões (para dissipar)	Zircão, Diamante, Heliodoro, Safira amarela, Âmbar
Líquidos (excesso de)	Jade, Diamante, Heliodoro
Líquidos (falta de)	Pedra-Lunar, Escapolite
Lombrigas	Cassiterite, Rubi
Longevidade (promoção da)	Diamante
Loucura	Cristal-de-rocha, Citrina, Ametista, Sardónica, Topázio
Lumbago	Safira, Magnetite

O poder curativo dos CRISTAIS

SINTOMA: ESTADO	PEDRA
Mágoa	Lepidolite, Topázio azul
Malária	Turquesa
Maldade (feitiços maus)	Safira, Rubi, Opala, Diamante
Maleabilidade da mente (promoção da)	Aventurina
Malignidade	Alexandrite, Malaquite, Azurite, Ametista, Magnetite, Cornalina, Granada
Mania	Pérola, Coral, Escapolite
Mãos (inchadas)	Água-marinha, Pedra-Lunar
Mau-humor	Heliotrópio, Esmeralda
Mau-olhado	Azeviche. Turquesa
Medo	Quartzo róseo, Esmeralda
Melancolia	Turmalina, Lápis-Lazuli, Sardónica
Memória	Ágata musgosa, Esmeralda, Turmalina, Pirolusite
Menopausa	Diamante, Rubi
Metabolismo (estimulação do)	Sodalite
Moralidade (promoção da)	Jade, Jadeíte
Mordeduras de serpentes	Esmeralda, Jaspe
Mordeduras venenosas	Enxofre, Esmeralda, Sardónica
Mudança de vida	Lápis-Lazuli, Granada, Pérola
Músculos (tonicidade dos)	Dolomite, Fluorite, Turmalina, Espinela, Peridoto, Jadeíte

Lista de Pedras para CURA

SINTOMA: ESTADO	PEDRA
Músculos fracos	Turmalina, Pedra-Lunar
Narinas (obstruídas)	Âmbar cinzento, inalar Azeviche
Nefrite	Jade, da variante Nefrite
Negatividade (para contrariar)	Lápis-Lazuli
Nervos (para firmar e fortalecer)	Dolomite, Jade
Nervosismo	Lápis-Lazuli, Safira, Jadeíte
Nevrite	Turmalina
Nobreza (reforço das tendências para a)	Opala, Alexandrite, Diamante
Obesidade	Turmalina, Heliodoro, Diamante, Zircão
Olfacto (perda de)	Turmalina
Olhos (inflamados)	Esmeralda
Olhos (lacrimejantes)	Água-marinha
Orientação sexual superior	Padparadscha
Ossos (dores nos)	Magnetite, Espinela, Quartzo róseo
Ossos (saúde dos)	Coral Branco, Calcite
Paixão (para despertar)	Padparadscha, Verdite
Paixão (para acalmar)	Esmeralda, Safira azul, Ametista
Paladar (para melhorar)	Topázio, Turmalina
Pâncreas	Jaspe, Sanguínea
Papeira	Topázio

O poder curativo dos CRISTAIS

SINTOMA: ESTADO	PEDRA
Parto (dores durante o)	Esmeralda
Parto (para facilitar o)	Verdite, Esmeralda
Peito (alívio das dores no)	Âmbar, Esmeralda, Dioptase
Percepção (para estimular)	Bowenite, Cornalina
Pernas (para fortalecer, dar flexibilidade)	Água-marinha
PES (percepção extra-sensorial)	Dioptase, Granada, Rubi
Pés (saúde dos)	Água-Marinha, Azeviche
Pesadelos	Azeviche, Turquesa, Padparadscha, Bowenite, Hematite, Rubi
Peste	Rubi, Pérola
Pigmentação (melhoria da)	Crisocola
Plexo solar (ponto de energia do)	Citrina, Heliodoro
Plexo solar (cura dos males do)	Sardo, Ametista, Opala, Citrina
Popularidade (para aumentar)	Turquesa, Citrina
Preguiça	Esmeralda, Água-marinha, Morganite, Heliodoro, Goshenite
Preocupação (alívio da)	Sodalite
Prisão de ventre	Rubi
Problemas dos ouvidos	Safira, Âmbar, Turmalina
Problemas de pele	Enxofre, Topázio, Carbúnculo, Pérola, Zircão
Problemas de transpiração	Jadeíte

Lista de Pedras para CURA

SINTOMA: ESTADO	PEDRA
Protecção	Diamante
Pulmões (cuidados dos)	Âmbar
Pureza (para encorajar)	Diamante, Jade
Purificador do sangue	Turmalina, Coral vermelho, Rubi, Ametista
Pústulas	Safira
Queimaduras	Crisópraso, Jadeíte
Raquitismo	Calcite, Coral, Pérola
Rectidão	Jade, Jadeíte
Rejuvenescedor	Pedra irlandesa das fadas
Rejuvenescimento celular	Rodonite, Jaspe
Relâmpagos (para afastar o medo dos)	Espinela
Reparação do corpo (promoção da)	Apatite
Resistência	Jade
Reumatismo	Malaquite, Azurite, Crisocola
Rins (tratamento dos)	Jade, variante Nefrite
Sabedoria (promoção da)	Cornalina, Ametista
Sacro (ponto de energia da região do)	Opala de fogo, Espinela vermelha
Saliva (excesso de)	Diamante, Zircão
Sarampo	Pérola, Topázio

SINTOMA: ESTADO	PEDRA
Serenidade	Jade, Jadeíte
Sistema nervoso central	Aventurina
Sobrecargas mentais	Ametista
Stress	Dolomite, Espinela
Suores	Safira Verde
Surdez	Turmalina
Suspiros	Água-Marinha, Esmeralda, Morganite, Goshenite, Heliodoro
Tecido cicatricial	Quartzo róseo
Telepatia (para induzir a)	Dioptase, Granada, Rubi
Tempestade (amuleto contra a)	Esmeralda
Temores (sustos)	Lápis-Lazuli, Opala
Tensão no pescoço	Alexandrite, Hematite, Magnetite
Tensão arterial (baixa)	Rubi, Turmalina
Tensão arterial (elevada)	Jadeíte, Jade, Crisópraso, Esmeralda
Ternura	Rodonite, Safira rósea, Alexandrite, Quartzo róseo, Rubi, Kunzite
Terceiro Olho (para abrir)	Opala, Azurite, Lápis-Lazuli, Iolite
Testa (ponto de energia da)	Opala negra com estrias azuis, Lápis-Lazuli, Azurite, Iolite
Tinha	Diamante, Calcite, Zircão
Tiróide (regulação da)	Lápis-Lazuli, Rodonite

Lista de Pedras para CURA

SINTOMA: ESTADO	PEDRA
Tónico geral	Olho de Tigre, Âmbar, Sardónica, Padparadscha, Aventurina, Fluorite
Tónico para os nervos	Fluorite
Tonturas	Safira branca
Tosse (nos cães)	Âmbar, Jadeíte, Hematite, Cristal-de-rocha
Tosse convulsa	Âmbar, Topázio, Coral
Tosses	Âmbar, Topázio
Tranquilidade (para promover)	Esmeralda, Jade, Jadeíte
Tristeza	Rubi, Padparadscha
Tuberculose pulmonar	Pérola
Tumores cancerígenos	Ametista
Tumores	Azeviche, Ametista, Safira
Úlcera gástrica	Esmeralda, Safira
Úlceras (do estômago)	Safira
Úlceras (gerais)	Turmalina
Úlceras (dos olhos)	Safira
Úlceras (de pele)	Esmeralda
Unhas (para fortalecer)	Pérola, Opala, Calcite, Rodocrosite
Unidade (promoção da)	Opala
Varicela	Pérola, Topázio
Veias varicosas	Água-marinha, Âmbar, Opala

SINTOMA: ESTADO	PEDRA
Veneno (antídoto)	Esmeralda, Chifre-de-Unicórnio, Zircão
Verrugas	Esmeraldas, ou esfregar com Apatite que tenha estado em sal marinho
Ventre (área umbilical)	Topázio-branco, Água-marinha
Vertigem	Safira
Vesícula biliar	Hiddenite
Violência	Sanguínea, Quartzo róseo
Virtude (para aumentar)	Jade, Safira, Pérola
Vitalidade (perda de)	Magnetite, Jaspe
Vómitos	Esmeralda, Lápis-Lazuli
Zona	Jadeíte, Lápis-Lazuli, Crisópraso

ANIVERSÁRIOS

Os aniversários são importantes — basta perguntar a um marido que se tenha esquecido dos anos da esposa — e tanto as nações como os indivíduos os celebram. Não é pois de surpreender que ao longo dos séculos se tenham acumulado tradições que os ligam aos planetas e a pedras preciosas particulares.

Eis outra maneira de associar a nossa vida aos ritmos do universo inteiro. Os anteriores capítulos deste livro descreveram as pedras que deveríamos possuir ou usar conforme o nosso signo, bem como as que nos podem ajudar na doença e na saúde por também elas usufruírem dos poderes planetários de que tanta necessidade temos. Receber ou usar a jóia certa, por exemplo, por ocasião do nosso décimo aniversário de casamento ou no dia em que se completa vinte cinco ou cinquenta anos é apenas mais uma maneira de reforçar estas influências benéficas. Também pode ser divertido dar uma festa em que estas jóias sejam usadas ou exibidas. Elas possuem o efeito benéfico de nos recordar os poderes externos que nos influenciam, por mais alegre que seja o momento dessa recordação.

A tabela seguinte constitui uma exposição sumária — número do aniversário, planeta regente, pedra condizente. Mas como lá chegar? Se o queremos descobrir devemos começar por voltar a ler a «Nota sobre Numerologia» na página 19. Refere em termos simples a lei da numerologia, segundo a qual todos os números são reduzidos a dígitos simples e fornece uma lista dos números tradicionalmente atribuídos a cada planeta do nosso sistema solar pelo saber astrológico (o Sol, 1; Mercúrio, 5; Plutão, 22; etc.). Uma vez aprendidas, estas informações tornam fácil calcular o planeta que corresponde a cada aniversário. Por exemplo, um aniversário de casamento de vinte cinco anos encontrar-se-á sob o signo de Neptuno, porque o número astrologicamente associado a Neptuno é 7, e o número do aniversário, 25, se decompõe numerologicamente da seguinte maneira: 2+5=7. Vejamos agora qual o signo regido por Neptuno. Resposta: Peixes. Logo, a pedra atribuída ao aniversário em questão deve encontrar-se entre as usadas pelos nativos de Peixes. E é o que acontece.

Não significa que tudo seja assim tão simples. A razão, por exemplo, por que a stichtite se destina a um oitavo aniversário, correspondendo ao número de Saturno, e a ametista a um décimo sétimo, que está igualmente ligado a Saturno e não o contrário, é, com efeito, mais uma questão de sabedoria tradicional relativa às pedras preciosas do que de lógica pura. Mas o princípio essencial mantém-se.

Um intruso na coluna de planetas ou satélites é Sírio, uma das estrelas da Constelação do Cão, conhecida dos sábios da Suméria e de Ur dos Caldeus, e de certas tribos africanas primitivas, como já foi explicado. Aqui está indicada para o quinquagésimo ou centésimo aniversário. Em relação ao primeiro, emparceira adequadamente com a dioptase, a «esmeralda do Congo», quer devido à sua cor (que reflecte os lampejos verdes que emanam de Sírio) quer também porque se julga que os cristais de melhor qualidade se formaram na altura em que Sírio se aproximava da Terra. Em relação ao último, emparceira com um diamante vermelho ou branco, apropriado à alteração de cor de Sírio, já descrita, e a um brilho que reflecte o Sol (100=1, o número astrológico do Sol). De notar também que o lápis-lazúli, segunda pedra para o centenário, era usado pelos sacerdotes-videntes de Ur e do antigo Egipto com o fim de entrarem em contacto com Sírio.

Para qualquer aniversário acima dos cem, a tradição dita um «olho de Judeu», o que significa «qualquer pedra de valor». Pois o que servia a Matusalém...

Fora estes acrescentos, a tabela explica-se por si. No entanto, que sentido dar ao valor de alguns dos presentes? Porque está a caulinite destinada a um vigésimo aniversário, quando o zircão, a granada, a ametista, o topázio, o cristal, a pedra-lunar e até a ágata, todos mais valiosos a não ser em casos raros, estão especificamente indicados para os anos anteriores? O que preside à escolha de um coral moderadamente apreciado para um trigésimo quinto aniversário quando se deve oferecer uma preciosa safira num vigésimo terceiro?

Esta lista tornou-se obviamente confusa ao longo do tempo, ou então as razões subjacentes à sua disposição escapam-nos hoje. E, para aumentar a confusão, diversos autores parecem ter inventado listas próprias ao escrever sobre o assunto. Mas que importa?

Uma última informação: todos os aniversários têm o seu significado, como é óbvio, mas o dia mais importante das nossas vidas é aquele em que se nasce. Desta forma, embora cada ano possa ter o seu presente apropriado, certifique-se de que cada bebé que conhece inicia a vida com o presente do seu *cristal precioso, talismã* e *rocha de cabeceira*.

ANOS	PLANETA DE ANIVERSÁRIO OU SATÉLITE	MINERAIS / PEDRAS PRECIOSAS
1	Sol	Enxofre (embrulhado em papel)
2	Lua	Rosa do Deserto
3	Júpiter	Calcopirite ou Bornite
4	Úrano	Wulfenite, Folha fóssil
5	Mercúrio	Estaurolite, Madeira petrificada
6	Vénus	Pedra irlandesa das fadas, Quartzo cristalizado
7	Neptuno	Apofilite, Cobre nativo
8	Saturno	Stichtite, Bronzite
9	Marte	Jaspe, Youngite, Madeira opalizada
10	Sol	Vanadinite, Cassiterite
11	Lua	Calcite, Pirite
12	Júpiter	Auricalcite, Ágata
13	Úrano	Charoíte, Pedra-Lunar
14	Mercúrio	Lava venusiana, Marfim, Ágata-musgosa
15	Vénus	Marcassite, Cristal-de-rocha
16	Neptuno	Fluorite, Topázio
17	Saturno	Ametista, Cabelo de Vénus
18	Marte	Sanguínea, Granada
19	Sol	Zircão
20	Lua	Aragonite, Caulinite

O poder curativo dos CRISTAIS

ANOS	PLANETA DE ANIVERSÁRIO OU SATÉLITE	MINERAIS / PEDRAS PRECIOSAS
21	Júpiter	Âmbar
22	Plutão	Fluorite
23	Mercúrio	Tectito, Verdite, Safira
24	Vénus	Malaquite
25	Neptuno	Espato calcário acetinado, Prata nativa
26	Saturno	Azeviche
27	Marte	Rubi var. Zoisite, Bronzite
28	Sol	Fenacite
29	Lua	Coral
30	Júpiter	Crisocola, Marfim, Pérola
31	Úrano	Ónix
32	Mercúrio	Olho de Tigre
33	Vénus	Dioptase
34	Neptuno	Opala de forma fóssil
35	Saturno	Condrito, Coral
36	Marte	Bowenite
37	Sol	Zircão amarelo
38	Lua	Pérola
39	Júpiter	Hauína
40	Úrano	Jade, Rubi

Pedras de ANIVERSÁRIO

ANOS	PLANETA DE ANIVERSÁRIO OU SATÉLITE	MINERAIS / PEDRAS PRECIOSAS
41	Mercúrio	Uvarovite
42	Vénus	Azurite, variedade cristalina
43	Neptuno	Crisópraso
44	Plutão	Benitoíte
45	Marte	Pedra-do-Sol, Safira rósea
46	Sol	Zircão branco
47	Lua	Nódulo-de-água ou Selenite
48	Júpiter	Turquesa
49	Úrano	Cassiterite, variedade cristalina
50	Mercúrio	Labradorite, Dioptase, Ouro nativo
51	Vénus	Andaluzite
52	Neptuno	Euclase, variedade cristalina
53	Saturno	Topázio amarelo
54	Marte	Morganite
55	Sol	Heliodoro
56	Lua	Pérola
57	Júpiter	Fosfolite
58	Úrano	Diópsido violeta de Piemonte
59	Mercúrio	Topazolite
60	Vénus	Safira estrelada, Diamante

O poder curativo dos CRISTAIS

ANOS	PLANETA DE ANIVERSÁRIO OU SATÉLITE	MINERAIS / PEDRAS PRECIOSAS
61	Neptuno	Hiddenite
62	Saturno	Lazulite
63	Marte	Crisoberilo
64	Sol	Tsavorite
65	Lua	Quartzo róseo estrelado
66	Júpiter	Rodocrosite, variedade cristalina
67	Úrano	Tugtupite, variedade cristalina
68	Mercúrio	Iolite
69	Vénus	Jadeíte verde ou Cor de alfazema
70	Neptuno	Diamante azul
71	Saturno	Lápis-Lazuli
72	Marte	Rodonite, variedade cristalina
73	Sol	Zircão Vermelho
74	Lua	Escapolite, variedade cristalina
75	Júpiter	Achorite, Diamante amarelo
76	Úrano	Brasilantina
77	Mercúrio	Padparadscha
78	Vénus	Espinela
79	Neptuno	Kunzite
80	Saturno	Tanzanite

Pedras de ANIVERSÁRIO

ANOS	PLANETA DE ANIVERSÁRIO OU SATÉLITE	MINERAIS / PEDRAS PRECIOSAS
81	Marte	Diamante róseo
82	Sol	Esfena, variedade cristalina
83	Lua	Adulária
84	Júpiter	Turmalina bicolor
85	Úrano	Diópsido
86	Mercúrio	Olho de Gato
87	Vénus	Safira de Caxemira
88	Neptuno	Rubi sangue de pombo e Eritrite
89	Saturno	Opala-ananás
90	Marte	Safira rósea
91	Sol	Zircão azul (submetido ao calor)
92	Lua	Opala de água
93	Júpiter	Turmalina-Melancia
94	Úrano	Peridoto verde azeitona
95	Mercúrio	Opala negra
96	Vénus	Esmeralda
97	Neptuno	Água-marinha
98	Saturno	Topázio róseo
99	Marte	Alexandrite
100	Sol / Sírio	Diamante vermelho ou branco, Lápis-Lazuli

Nota final

Nos primeiros anos deste século destacou-se entre os índios Sioux um famoso curandeiro chamado Tantanka-Ohitika. Na sua juventude tivera uma visão que gostava de descrever e que contava do seguinte modo:

«Tinha eu dez anos, olhava a terra e os rios, os animais e o céu lá em cima e não podia deixar de me aperceber de que algum grande poder os tinha concebido. E estava tão ansioso por compreendê-lo, que questionava as árvores, os arbustos e as flores. Estudando as pedras musgosas, concluí que algumas pareciam ter traços humanos. Depois disso sonhei que uma destas pedras me aparecia e dizia que através da minha busca para conhecer o Criador, me tinha mostrado digno de receber ajuda sobrenatural. Quando no futuro, havia dito a pedra, estivesse a curar os doentes, bastar-me-ia invocar o seu auxílio e ela ordenaria a todas as forças da Natureza que me ajudassem.»

Esta visão, hoje conhecida por «Sonho da Pedra Sagrada» de Tantanka-Ohitika, é a nota com que a autora deste livro deseja despedir-se dos seus leitores. As pedras e as gemas são uma das dádivas preciosas da Natureza. Propiciam a cura e a harmonia, a sabedoria e a coragem, a boa disposição, a generosidade e a alegria. A sua beleza enriquece o mundo. São-nos dadas para que delas tiremos prazer. Usemo-las e compreendamo-las plenamente.

ÍNDICE

Introdução 9

Primeira Parte
Os Planetas

Jóias do Zodíaco 13
   Nota sobre numerologia 19
O Sistema Solar 21
   O Sol 22
   A Lua 23
   Mercúrio 24
   Vénus 25
   Marte 26
   Júpiter 28
   Saturno 29
   Urano 30
   Neptuno 31
   Plutão 33

Segunda Parte
Signo a Signo e Pedra a Pedra

Carneiro (21 de Março-20 de Abril) 37
Touro (21 de Abril-20 de Maio) 45
Gémeos (21 de Maio-21 de Junho) 53
Caranguejo (22 de Junho-22 de Julho) 61
Leão (23 de Julho-22 de Agosto) 69
Virgem (23 de Agosto-22 de Setembro) 75
Balança (23 de Setembro-22 de Outubro) 83
Escorpião (23 de Outubro-21 de Novembro) 89
Sagitário (22 de Novembro-20 de Dezembro) 97
Capricórnio (21 de Dezembro-19 de Janeiro) 105
Aquário (20 de Janeiro-18 de Fevereiro) 113
Peixes (19 de Fevereiro-20 de Março) 121

Terceira Parte
Pedras Que Curam

Pedras Que Curam 133
    Saúde Preciosa, Pedras Preciosas 133
    Energia Através da Cor 139
    Cuidados e Limpeza 141
    Purificação Esotérica 144
    Técnica de Meditação 144

Pedras Preciosas, saúde Preciosa: as Pedras Que Curam 149
    Água-Marinha 149
    Alexandrite 150
    Âmbar 151
    Ametista 152
    Aventurina 153
    Azeviche 153
    Azurite 154
    Bowenite 155
    Calcopirite e Bornite 155
    Citrina 156
    Coral 156
    Cornalina 157
    Crisocola e Pedra-de-Eliat 157
    Crisópraso 158
    Cristal de Rocha 159
    Diamante 160
    Dioptase (Esmeralda de Cobre) 161
    Esmeralda 162
    Espinela 163
    Fluorite 164
    Granada 165
    Heliodoro 165
    Hematite 166
    Jade e Jadeíte 166
    Jaspe 167
    Labradorite 167
    Lápis-Lazuli 168
    Magnetite (Pedra-íman) 168

ÍNDICE

Obsidiana 169
Opala 170
Pedra-Lunar 172
Peridoto 172
Pérola 173
Quartzo Róseo 174
Rodocrosite (Rosa-Inca) 174
Rodonite 174
Rubi 175
Safira 175
Sanguínea 176
Sodalite 177
Topázio 177
Turmalina 177
Turquesa 179
Zircão 180

Lista de pedras para cura 181

Aniversários 199

Nota final 209

Paginação, impressão e acabamento
da
CASAGRAF - Artes Gráficas Unipessoal, Lda.
para
EDIÇÕES 70, LDA.
Novembro de 2003